FACULTÉ DE DROIT DE L'UNIVERSITÉ DE PARIS

L'IMMIGRATION

réglementée aux Antilles Françaises et à la Réunion

THÈSE

POUR LE DOCTORAT POLITIQUE ET ÉCONOMIQUE

Présentée et soutenue le mardi 21 Février 1911, à 3 h.

PAR

Paul GUIRAL

Président : M. PERREAU, *professeur*

Suffragants { MM. LESEUR, *professeur*
PILLET, *professeur*

PARIS

JOUVE & Cie, ÉDITEURS

15, RUE RACINE, 15

1911

THÈSE

POUR

LE DOCTORAT

La Faculté n'entend donner aucune approbation ni improbation aux opinions émises dans les thèses; ces opinions doivent être considérées comme propres à leurs auteurs.

FACULTÉ DE DROIT DE L'UNIVERSITÉ DE PARIS

L'IMMIGRATION

réglementée aux Antilles Françaises et à la Réunion

THÈSE

POUR LE DOCTORAT POLITIQUE ET ÉCONOMIQUE

Présentée et soutenue le mardi 21 Février 1911, à 3 h.

PAR

Paul GUIRAL

Président : M. PERREAU, *professeur*

Suffragants { MM. LESEUR, *professeur*
PILLET, *professeur*

PARIS

JOUVE & Cie, ÉDITEURS

15, RUE RACINE, 15

1911

A MON PÈRE

A MA MÈRE

En témoignage de profonde recon naissance.

AVANT-PROPOS

Quand l'idée nous est venue d'examiner la question de la main-d'œuvre exotique dans les colonies françaises de plantation, nous aurions voulu faire de ce sujet une étude plus complète et marquer toutes les conséquences, économiques et sociales, de l'engagement réglementé. Mais, ainsi compris, le travail était trop vaste ; il aurait nécessité de trop longues et trop minutieuses enquêtes.

Aussi, nous sommes-nous borné à examiner le côté administratif de la question. A ce point de vue, nous avons tenté de rassembler les faits, d'exposer, dans leur ordre chronologique, les documents en rapport avec la matière. Nous aurions aimé dire autre chose que notre antipathie pour les pratiques auxquelles a donné lieu l'immigration. Si nous en avions eu les moyens, nous aurions fait, non pas le voyage des Antilles, où l'immigration réglementée n'est plus qu'un souvenir, mais de la Réunion où elle fonctionne encore. Il a fallu nous contenter des textes de décrets ou d'arrêtés épars depuis 1840, dans les bulletins de nos vieilles colonies.

Nous avons passé en revue tous les recueils d'actes officiels que nous avons pu nous procurer et nous avons volontairement négligé d'indiquer certains détails qui nous paraissaient trop peu importants ou trop dépourvus d'intérêt.

On nous reprochera peut-être de n'avoir pas cherché dans les traités de législation coloniale de savantes considérations.

Mais ces ouvrages n'indiquent que d'une manière générale et pour toutes nos colonies, le mécanisme de l'immigration réglementée. D'autre part, en matière coloniale, nous avons peur des opinions toutes faites. Nous espérons qu'on ne nous gardera pas rigueur d'avoir limité notre étude et d'avoir recherché des faits plutôt que des commentaires.

L'IMMIGRATION

réglementée aux Antilles Françaises et à la Réunion

INTRODUCTION

> « Si la liberté a un prix pour celui qui l'achète, elle est sans prix pour celui qui la vend. »
>
> « Il n'y a peut-être pas de climat sur la terre où l'on ne pût engager au travail des hommes libres. » (Montesquieu, *Esprit des lois*, l. XV, ch. I et VIII.)

Nulle part, en Europe, les travailleurs ne font défaut. Les individus ont des besoins nombreux qu'ils ne peuvent satisfaire que par le travail ; il est aisé, dans ces conditions, de trouver des ouvriers.

La situation n'est pas la même aux colonies où la population est en général clairsemée. Dans certaines régions, la nature est non seulement prodigue de moyens d'acquisition, mais même de moyens de jouissance qui fournissent à l'homme tous les éléments d'une vie passive. Les besoins sont moins grands, à raison de la douceur du climat. Un travail intermittent est suffisant pour subvenir aux nécessités de la vie ; de sorte que l'habitant de ces contrées n'est pas porté à l'activité, à l'effort.

Aussi, les États colonisateurs se heurtent-ils, après la conquête de nouvelles terres, à de grandes difficultés pour la mise en rapport : l'apathie des indigènes et l'impossibilité où sont les Européens de travailler de leurs mains dans les pays chauds.

Nous savons comment, dans les colonies françaises d'autrefois, on a résolu la question de la main-d'œuvre. On aurait dû utiliser les autochtones, essayer de vaincre leur indifférence ; et, pour cela, il aurait fallu les ménager.

Bien au contraire, ils furent massacrés ou forcés de s'enfuir. Ceux qui avaient été épargnés refusèrent de travailler pour les nouveaux maîtres ; attitude bien naturelle, car il n'est pas de pays où l'on accueille volontiers l'envahisseur.

Cependant, comme on avait besoin d'ouvriers, on fit venir des esclaves noirs, et, en même temps, pour s'attacher plus solidement les indigènes qui restaient, on les réduisit en servitude. L'esclavage et la traite, tels furent les moyens employés pour procurer aux colonies la main-d'œuvre qui leur était nécessaire. Pendant longtemps d'ailleurs, on a cru que les colonies ne pouvaient subsister sans eux (1).

1. A côté de l'esclavage, on trouve pourtant l'immigration libre « aux premiers jours de la colonisation ». L'engage-

Le travail servile pourtant est plus productif. L'esclave fait juste ce qu'il faut pour ne pas être puni. « L'obligation du travail lui apparaît comme une humiliation qu'il supporte avec la rage dans le cœur (1). »

L'esclavage, d'autre part, est un facteur d'inertie et de routine. Le maître, toujours sûr d'avoir à sa disposition des ouvriers qui sont sa chose, s'inquiète peu des progrès qui se réalisent partout où les travailleurs sont libres. Il n'achète pas de machines pour alléger ou rendre plus facile la tâche de l'esclave.

Au point de vue humain, l'esclavage « constitue une monstruosité sociale qu'une puissance civilisée ne pourrait tolérer sans se déshonorer » (2).

Ce furent les décrets Schœlcher de 1848 qui rendirent la liberté à tous les esclaves employés dans les colonies françaises.

Dès ce moment, les planteurs se demandèrent comment ils recruteraient des travailleurs. Ils

---

ment fut d'abord de trois ans. Un arrêt du Conseil d'État (28 février 1670) le réduisità dix-huit mois. Les colons étaient forcés d'avoir un engagé pour 20 nègres. On obligea les négociants envoyant des navires en Amérique à y embarquer un certain nombre d'immigrants. Mais, à cause des difficultés du recrutement, on autorisa les armateurs à payer, aux lieu et place de chaque engagé, un somme de 60 livres (M. Perreau, *Cours de législation coloniale*).

1. A. Girault, *Traité de législation coloniale.*
2. A. Girault, *ibidem.*

s'adressèrent d'abord aux esclaves émancipés. Mais il suffisait à ceux-ci de quelques aliments et de leur liberté ; le travail de la terre, même volontairement fait, leur répugnait, parce qu'il leur rappelait les jours trop proches de la servitude (1). Aussi, désertèrent-ils en masse les habitations.

Dans cette impossibilité où l'on était d'utiliser la main-d'œuvre locale, il fut indispensable de s'adresser à l'étranger. Les décrets des 13 février et 27 mars 1852 réglementèrent l'enrôlement de travailleurs exotiques liés par un contrat d'engagement.

« On ne prononça plus le gros mot d'esclavage, mais on trouva des combinaisons qui équivalaient à une servitude temporaire et constituaient un succédané de l'esclavage (2). »

Devait-on, cependant, organiser la main-d'œuvre aux colonies sur d'autres bases que dans la métropole? Que le travailleur soit un blanc ou un homme

---

1. Cette aversion des noirs pour les travaux agricoles a duré longtemps après l'émancipation. On cite, à ce propos, un fait typique :

Le conseil général de la Martinique ayant décidé, dans une de ses séances, que quelques notions d'agriculture pratique seraient enseignées aux élèves dans les écoles primaires, un tolle général de protestations s'éleva aussitôt. Les parents firent savoir qu'ils envoyaient leurs enfants à l'école, pour qu'on leur apprît à lire et à écrire, et non à manier le hoyau ! (Imbart de la Tour. Dorvault, *Régime de la propriété. Régime de la main-d'œuvre aux colonies.*)

2. A. Girault, *op. cit.*

de couleur, il ne semble pas, *a priori*, qu'il y ait lieu de régler d'une façon spéciale ses rapports avec son patron. On ne comprend pas que la différence des races puisse suffire à légitimer, aux colonies, des pratiques inacceptables en Europe.

Il fallait aider les colons à remplacer les travailleurs qu'on venait de leur enlever. Pourquoi, au lieu de recruter au loin et à grands frais des individus souvent inaptes aux besognes qu'on leur confiait, n'a-t-on pas encouragé les nègres devenus libres à se remettre aux travaux des champs ?

On aurait dû, par des lois spéciales, les protéger efficacement, leur assurer des salaires suffisants. Au besoin, les colonies pouvaient aider les agriculteurs à bien payer leurs ouvriers indigènes. Avec un peu de persévérance on aurait ramené les nègres à l'agriculture. Au lieu de cela, on a obligé tout individu résidant aux colonies à se munir d'un livret, ou à s'engager chez un patron pour une année au moins ; on a pris des mesures excessives contre les gens sans travail qui ont été considérés comme des vagabonds ; on a fait venir des Chinois et des Indiens qui ont loué leurs services à desprix dérisoires et on fait ainsi, à la main-d'œuvre locale, une concurrence terrible (1). On trouvait sans doute plus flatteur pour

1. A la Réunion, avant l'immigration, on payait un laboureur 35 francs par mois au minimum, à charge par le patron de nourrir le travailleur. Depuis l'immigration, le prix des

l'amour-propre des planteurs, qu'il leur fût permis d'employer des hommes mis à peu près en servitude pendant la durée de leur engagement. La transition était moins brusque, et on n'avait pas à redouter, de la part des immigrants, de sérieuses exigences.

Si encore l'immigration réglementée avait donné de bons résultats, on n'aurait pas à regretter l'instauration de méthodes de travail quelque peu barbares. Mais il ne paraît pas que la prospérité des colonies où l'immigration a fonctionné ait été beaucoup accrue.

Les causes de cet insuccès sont multiples.

En 1883, Schœlcher écrivait :

La vérité est que l'institution de l'immigration est si foncièrement mauvaise que depuis vingt ans, quoi qu'on ait tenté pour corriger ses défauts, rien n'a pu l'améliorer. Pourquoi n'est-on parvenu nulle part à corriger ses défauts? C'est qu'elle est un problème insoluble : faire travailler un homme qui n'y a aucune espèce d'avantage. Que demande-t-on à l'émigrant ? De la force productive comme à la vapeur ; et il n'est pas beaucoup plus intéressé que la vapeur au succès ou à l'insuccès de l'emploi qu'il fait de ses bras ; il est parfaitement égal à cet homme-machine que son labeur porte fruit ou non. Ce qu'on attend de lui, c'est du travail

---

engagés étant de 12 fr. 50 par mois, le salaire courant est descendu à ce taux (Journal *Le Travail*, nº du 16 décembre 1882).

matériel ; or, ce travail sera impossible à obtenir dès qu'on tiendra résolument à respecter en lui les droits de l'humanité.

Rien absolument, n'excite l'immigrant à bien remplir sa tâche, puisque, d'un côté, il ne lui en revient aucun profit, tandis que, de l'autre, il n'est pas possible de le renvoyer s'il la remplit mal. Ou il se croiserait les bras disant : « Je ne veux pas travailler » et l'engagiste devrait néanmoins le nourrir, le vêtir et le loger, car il ne peut ni le mettre à la porte, ni le condamner à mourir de faim ; ou il faut fermer les yeux sur les rigueurs qu'exerce un propriétaire irascible pour vaincre son indifférence, sa paresse, voire même sa résistance ouverte.

Si l'on ne veut pas qu'il en soit de ce genre d'engagés comme du cheval forcé de traîner le chariot, afin d'éviter la douleur physique que lui cause le fouet, je défie l'engagiste de tirer aucun ouvrage de l'immigrant de caractère énergique qui déclarera : « Je me refuse à faire quoi que ce soit à votre service »(1).

Au point de vue économique, l'immigration n'a pas donné les résultats espérés. Au point de vue social, elle a les plus déplorables effets. Les engagés « empruntés généralement aux couches les plus basses et les plus viles des peuples dont ils proviennent, ne comptant qu'une femme sur dix

---

1. V. Schœlcher, *L'Immigration aux colonies*. Réponse à M. Émile Bellier. Paris, 1883.

hommes, prennent des mœurs du cynisme le plus abject (1).

Du côté juridique, la situation des immigrants se rapproche singulièrement de celle des esclaves, puisqu'une peine les attend s'ils viennent à quitter leur travail.

Est-il bien juste de considérer et de punir, comme un délit tombant sous le coup de la loi pénale, cette rupture du contrat de travail? « Une pareille solution répugnerait profondément à la législation métropolitaine, laquelle, par respect pour la liberté humaine, a proclamé que toute obligation de faire doit se résoudre en dommages-intérêts. *Ad factum, nemo præcise cogi, potest.*

» La plupart des législations coloniales, cependant, et en particulier la nôtre, ont admis que la rupture du contrat de travail par l'employé constitue un délit pénal. En ce sens, on fait valoir des arguments spécieux; d'une part, l'insuffisance de sanctions civiles à l'égard de l'ouvrier indigène contre la mauvaise foi duquel une action en dommages-intérêts est une arme illusoire, ridicule ; d'autre part, une raison de salut public : pour un planteur, un commerçant, un explorateur, la désertion des engagés ou des porteurs peut être la ruine ou même la mort.

1. Leroy-Beaulieu, *De la Colonisation chez les peuples modernes*.

» A cela, on ajoute que les indigènes ne savent point faire la distinction du droit civil et du droit pénal et qu'il faut enseigner, par la contrainte, le travail à des races naturellement indolentes.

» Ces raisons ne semblent pas décisives. Laissons de côté l'hypothèse de l'explorateur abandonné par ses compagnons indigènes qui refusent de le suivre plus loin. Il n'y a pas de gendarmes dans le désert et ce n'est pas la crainte de commettre un délit qui empêchera jamais un porteur de se sauver en pareil cas.

» Pour que cette disposition législative ait un intérêt pratique, il faut songer aux travailleurs employés à proximité des centres d'influence européenne où siègent les autorités locales. Le salut public exige-t-il bien dans ce cas que l'on mette en prison celui qui, mécontent du sort qui lui est fait chez son maître, ne veut plus y rester? S'il s'en va, n'est-ce pas qu'il trouve la réalité peu conforme aux promesses qui l'ont entraîné? Est-ce bien lui, dans ce cas, qui mérite les rigueurs de la loi pénale? N'est-il pas singulier d'appliquer au travailleur une législation d'autant plus rigoureuse qu'il est plus faible et plus ignorant? Il nous semble, au contraire, que la crainte de se voir abandonné par ses engagés peut être, pour le maître dur ou injuste, un frein nécessaire.

» Tout au plus, y aurait-il lieu de punir, dans les

grandes entreprises, la désertion en masse des coolies, la cessation concertée et simultanée du travail (1). »

Fréquemment, en Europe, des ouvriers abandonnent leur travail. Que peut-on contre eux, s'ils ne sont pas solvables ?

Pourquoi en serait-il autrement aux colonies? Assurément, dans certaines circonstances, les infractions aux contrats causent aux colons de sérieux préjudices. Il semble bien qu'on doive pouvoir prendre certaines mesures spéciales à l'égard des engagés défaillants. Mais ce devrait être dans des cas très peu nombreux et strictement déterminés.

Au demeurant, ce n'est pas seulement contre le coolie qu'il faudrait se montrer sévère, c'est aussi contre le patron. L'immigrant restera volontiers s'il n'a à redouter ni brutalité, ni contrainte et si on lui donne l'assurance que ses droits seront respectés. « C'est par la persuasion beaucoup plus que par les menaces, que l'on peut obtenir du travail utile d'un coolie. Les hommes qui ont, en cette matière, la plus grande expérience pratique affirment que cela est toujours possible : il suffit d'un peu de psychologie. Il faut tenir, tout d'abord, scrupuleusement les engagements pris, laisser partir le travailleur et ne pas essayer de le retenir malgré lui, une fois le temps expiré (2). Il faut flatter son amour-propre par

---

1. A. Girault, *Traité de législation coloniale*, *op. cit.*

2. L'article 2 du décret du 13 février 1852 assurait à tout

quelques compliments, lorsque le travail est bien fait. Il faut aussi lui accorder ou lui permettre ces douceurs qui font le charme de l'existence et dont nul être humain ne peut se passer. Il faut surtout donner au travailleur le désir de gagner de l'argent, en éveillant chez lui de nouveaux besoins, en mettant à sa portée des objets pour lesquels il sera tenté et qu'il voudra acheter. On cite des chantiers sur lesquels on a retenu les travailleurs, en installant à côté un théâtre, un bal, un cirque ou un bazar. Au fond des choses, la psychologie de l'ouvrier jaune ou noir ne diffère pas de celle du travailleur blanc. C'est toujours une âme humaine sur laquelle il s'agit d'exercer une influence (1). »

Nous constaterons, au cours de notre étude, que des modifications nombreuses ont été apportées au régime de l'immigration et que sa réglementation a même été supprimée à la Martinique par un arrêté du 17 janvier 1885. A la Guadeloupe, depuis 1890, il n'a été introduit qu'un petit nombre d'immigrants.

---

immigrant parvenu au terme de son engagement, le droit au rapatriement gratuit. Mais il est arrivé, à la Martinique, que des engagés ont dû attendre cinq ans avant d'être ramenés dans leur pays. Ils étaient forcés, dans ces conditions, de contracter malgré eux un nouvel engagement, pour éviter d'être traités comme vagabonds.

1. A. Girault, *op. cit.*

Nous souhaitons que de semblables mesures soient prises à la Réunion et qu'on y abolisse définitivement cette institution du passé.

Cependant, comme l'immigration a pour but de procurer à l'agriculture les bras que le personnel local ne peut ou ne veut lui fournir, il semblerait prudent de ne supprimer l'engagement réglementé que graduellement, au fur et à mesure que des réformes nouvelles auront produit un effet suffisamment attractif sur les travailleurs.

Il ne faut pas perdre de vue que les déplorables décrets de 1852, en éloignant du travail agricole la population locale, lui ont fait prendre une direction nouvelle. Un certain goût pour le petit trafic, pour la petite industrie, n'a pas tardé à se développer chez beaucoup d'indigènes. D'autres ont facilement trouvé le moyen d'éluder les dispositions légales répressives de la mendicité et du vagabondage, en parvenant à réaliser les apparences de la petite propriété.

Ce sont là des habitudes contre lesquelles il s'agit de réagir.

Néanmoins, quand la confiance renaîtra entre patrons et ouvriers, le recrutement des travailleurs se fera sans peine, à la condition que l'on rém nère suffisamment leurs services. « Partout où il y a des bras, on peut obtenir du travail (1). »

---

1. A. Girault, *op. cit.*

CHAPITRE PREMIER

L'IMMIGRATION RÉGLEMENTÉE A LA RÉUNION

1° Historique du recrutement des immigrants

Les décrets Schœlcher ne prirent pas entièrement au dépourvu les planteurs de la Réunion. Depuis la loi de 1831 portant suppression de la traite, ils avaient cherché en Afrique, dans l'Inde, et même en Chine, la main-d'œuvre indispensable à l'exploitation de leurs domaines.

Mais quand les habitations se trouvèrent subitement désertées par les esclaves devenus libres, il fallut chercher, dans une immigration plus abondante et plus prompte, un remède à un état de choses qui compromettait l'existence même des cultures. Pendant quelque temps, le rachat aux monarques africains de leurs esclaves noirs et aussi la traite effectuée clandestinement sur la côte orientale d'Afrique et de Madagascar, fournirent à la colonie un certain nombre de Cafres et de Malgaches. De nombreuses révoltes survenues à bord des navires qui transportaient les noirs, appelèrent l'attention sur les abus auxquels donnaient lieu ces opérations. « A la suite de l'incident provoqué par la saisie, au Mozambique, d'un navire de la Réunion, *Le Charles-Georges*, une dépêche ministérielle et un arrêté local prohibèrent radicalement le recrutement, par voie d'engagement, des travailleurs africains, malgaches et comoriens (1). »

Les propriétaires de la Réunion s'efforcèrent alors de recruter des coolies dans l'Hindoustan. Des associations locales se constituèrent et entrèrent en relations avec des négociants de Pondichéry et de Karikal. Une société anonyme fut même fondée en 1853 et obtint le privilège exclusif de l'introduction des Hindous.

Mais, cette société n'ayant pas tenu tous ses engagements, on lui retira son privilège et les propriétaires furent autorisés à introduire directement les travailleurs destinés à leurs exploitations.

Le recrutement, cependant, était difficile, parce qu'il s'opérait uniquement sur les petits territoires de nos comptoirs de l'Inde, dont les ressources en population furent vite épuisées, et aussi parce que les Antilles et la Guyane demandèrent leur part de la main-d'œuvre que la Réunion puisait seule dans ces établissements. On chercha à enrôler des coolies sur

1. Blondel, *Le Régime du travail dans nos colonies et pays de protectorat et la colonisation libre*.

les territoires anglais ; l'opposition systématique des autorités britanniques empêcha le succès de ces opérations.

Fort heureusement, une convention put être conclue avec l'Angleterre en 1861 et on fit venir 6.000 Bengalais à la Réunion.

Jusqu'en 1867, le régime du travail fut organisé à l'île Bourbon par un arrêté du 30 août 1860. Le service de l'immigration était sous les ordres du directeur de l'Intérieur. Les enrôlements dans l'Inde s'opéraient sous le contrôle d'agents français ou anglais surveillés par le gouvernement indien. Mais, vers 1872, se produisit une crise agricole dont les travailleurs immigrés ressentirent les effets ; leurs salaires furent mal payés et ils réclamèrent avec une telle insistance qu'on demanda, en Angleterre, la suppression de l'émigration indienne à la Réunion. Une enquête faite par une commission franco-anglaise révéla, dans le fonctionnement du service, un assez grand nombre d'abus. Le gouverneur, par une circulaire aux syndics, prescrivit la suppression de ces errements fâcheux (1). Cependant, en novembre 1882, le gouvernement indien, malgré l'opposition de l'Angleterre, interdit le recrutement des Indiens pour la Réunion, en donnant comme raisons : « la subordination des droits de l'engagé aux

1. Circulaire du 24 septembre 1877 (*B. O. de la Réunion*, année 1877).

intérêts de l'employeur, la misère des Indiens rapatriés et les retards apportés à leur rapatriement ; enfin, l'insuffisance de la protection qui leur était garantie pendant leur séjour dans la colonie ».

Il fallut chercher ailleurs que dans l'Inde la main-d'œuvre dont les colons avaient besoin.

On se tourna de nouveau vers l'Afrique et Madagascar. Les recrutements à Madagascar durèrent peu, une dépêche ministérielle du 8 février 1887 ayant invité le gouverneur de la Réunion à interdire l'introduction des travailleurs malgaches dont l'émigration était contraire aux lois en vigueur dans leur pays.

Un arrêté du ministre de la Marine portugais (24 novembre 1887) autorisa les planteurs de la Réunion à recruter des travailleurs noirs dans la province de Mozambique. Le 16 avril 1889, un nouvel acte du même ministre permit d'engager à Quilimane des immigrants pour la Réunion, Mayotte et Nossi-Bé.

Mais la colonie de Mozambique ne fournissait pas un assez grand nombre d'engagés. On souhaitait, à la Réunion, que le gouvernement de l'Inde revînt sur ses décisions et autorisât la reprise de l'immigration indienne.

A la suite de pourparlers entre les gouvernements français et anglais, une enquête sur la situation des Indiens immigrés fut faite par M. Muir Mackenzie, sous-secrétaire d'État au département de l'Agriculture. Elle devait aboutir à la convention, signée en décembre 1897, qui autorisait la reprise de l'immigration et en réglait les conditions (1).

2° Le recrutement proprement dit

Ce sont des entrepreneurs qui prennent à leur charge le recrutement des immigrants. Ils s'adressent, à cet effet, soit directement aux travailleurs que l'appât de quelque gain ou tout simplement la misère décident à quitter leur pays ; soit aux chefs de tribus ou de villages qui s'engagent à fournir un certain nombre d'individus. Une très grande latitude est donnée aux agents recruteurs dans ces opérations, de sorte que beaucoup de coolies aliènent leur liberté pour plusieurs années, sans bien savoir ce qu'on fera d'eux.

---

1. Aux termes de cette convention, il était décidé que les fils d'immigrants ne deviendraient pas Français de plein droit et ne seraient pas astreints, en cette qualité, au service militaire. Ces dispositions ont rencontré une vive opposition de la part des députés de la Réunion, et il en est résulté que la convention n'a pas été suivie d'effets, et que la colonie continue à chercher des travailleurs. Elle a obtenu d'en recruter à Java en 1897. A la même époque, le gouvernement de l'Indo-Chine a autorisé un convoi restreint de 500 Tonkinois. Le général Galliéni lui a envoyé des fahavalos de Madagascar. En 1900, on a pu faire venir des Annamites et quelques Chinois ; mais le résultat jusqu'ici est assez mince. (A. Girault, *Législation coloniale*, t. II, édit. 1907).

Le décret du 27 mars 1852 traita, le premier, du recrutement des émigrants destinés à nos colonies des Antilles, de la Guyane et de la Réunion.

Sous le titre : « émigration des pays hors d'Europe », les articles 7 à 11 portent :

1° Art 7. — L'émigration des pays hors d'Europe n'aura lieu, même sans subvention sur les fonds de l'État, qu'après avoir été autorisée par le ministre de la Marine et des Colonies.

2° Art. 8. — Il sera créé pour cette émigration un agent spécial au lieu même où elle s'effectuera ; cet agent veillera aux opérations de recrutement et à l'embarquement des immigrants. Il leur fera connaître la nature du contrat de travail qu'ils sont appelés à souscrire, les garanties d'exécution qui leur seront assurées, les conditions de leur rapatriement.

3° Art. 9. — Les émigrants âgés de moins de vingt et un ans seront représentés auprès de l'agent d'émigration par leurs parents ou tuteurs; ceux qui seront âgés de moins de quinze ans n'obtiendront leur permis d'embarquement que s'ils acompagnent leur père ou mère ou un parent de deuxième degré (1).

La convention franco-anglaise de 1861 disposa que le recrutement des Indiens destinés à la Réunion se

1. Dislère, *Traité de législation coloniale*, t. II.

ferait sous la surveillance d'agents français agréés par le gouvernement anglais.

Art. 2. — Le gouvernement français confiera dans chaque recrutement, la direction des opérations à un agent de son choix. Ces agents devront être agréés par le gouvernement britannique. Cet agréement est assimilé, quant au droit de l'accorder ou de le retirer, à l'exequatur donné aux agents consulaires.

Art. 3. — Ce recrutement sera effectué conformément aux règles existantes ou qui pourraient être établies pour le recrutement des travailleurs à destination des colonies britanniques.

Art. 4. — L'agent français jouira, relativement aux opérations de recrutement qui lui seront confiées, pour lui comme pour toute personne qu'il emploiera, de toutes les facilités et avantages accordés aux agents de recrutement pour les colonies britanniques.

Malgré ces dispositions du décret du 27 mars 1852 et de la convention de 1861, les opérations de recrutement ne devaient pas s'effectuer avec toutes les garanties d'indépendance voulues pour les coolies, car on n'hésite pas à les qualifier de « traite » dans un livre publié en 1877 relatif à la Martinique, et qui parle de l'immigration en général (1) :

---

1. Huc, *La Martinique. Étude de quelques questions coloniales*.

Le recrutement des exotiques ressemble tout à fait à la traite et même est quelquefois pratiqué d'une manière plus odieuse. On peut lire, à cet égard, les détails instructifs fournis par M. Planchet dans un article ayant pour titre : *La Traite des coolies Chinois* (*Revue des Deux-Mondes*, 1er juillet 1873). M. de Molinari, dans un article inséré au *Journal des Débats* et reproduit dans le *Journal des Économistes* (année 1873), cite, d'après M. Planchet, la décision bien significative d'un tribunal mixte, composé du gouverneur de Iokohama, des consuls de France, d'Angleterre et d'Allemagne :

Un navire transportant des coolies ayant relâché au Japon, plusieurs engagés s'échappèrent. Le capitaine les réclama. Le tribunal mixte dont nous venons de parler repoussa la demande du capitaine, assimilant à la traite le recrutement des coolies tel qu'il est pratiqué à Macao.

Aussi, M. de Molinari propose-t-il de conclure une convention internationale spécifiant les conditions d'engagement et de transport des engagés et les garanties d'exécution des contrats, jugées nécessaires. De quoi, servirait-il, en effet, d'avoir supprimé la traite en faveur des populations des côtes d'Afrique, si c'était pour vouer à leur place les Asiatiques à la servitude.

Actuellement encore, les opérations de recrutement s'effectuent comme en 1873 ; et on est tenté de croire que toutes les mesures édictées par le décret du 27 mars 1852 et la convention de 1861 n'ont eu pour résultat que de donner le change aux philanthropes de la métropole. « En 1901, écrit M. F. Dubief (1), un syndicat se forme à la Réunion pour l'introduction de travailleurs dans l'île, et charge le directeur de la société de colonisation de la Grande Comore de recruter des engagés. En présence du refus apporté par celui-ci, on s'adresse aux anciens maîtres d'esclaves et l'on s'efforce de traiter avec eux. Mais les travailleurs refusent de s'embarquer pour la Réunion et se réfugient sur les plantations de la société de colonisation.

» On adresse alors, par huissier, le 3 octobre 1901, une sommation au président de la société de colonisation ; et, dans cette sommation, on lit les phrases caractéristiques suivantes :

Attendu qu'il est de notoriété que de nombreux esclaves libérés par leurs maîtres et inscrits pour s'engager comme travailleurs à la Réunion, se trouvent sur les propriétés de la société, afin de ne pas être obligés de tenir leurs engagements...

Sommation à M. X... d'avoir à restituer d'ici à samedi prochain à Moroni, devant le siège de la Résidence, jour et lieu fixés pour le rassemblement du convoi d'immigrants, tous les esclaves déjà munis d'une déclaration de libération et d'engagement pour la Réunion, se trouvant réfugiés ou cachés dans n'importe quelle propriété de la société.

---

1. F. Dubief, *A travers la législation du travail.*

Il apparaît donc que, même aujourd'hui, les immigrants ne sont pas toujours libres d'accepter ou de refuser le contrat de travail qu'on leur propose. Si, en principe, l'esclavage a été supprimé, le recrutement des coolies est parfois une traite à peine déguisée.

3° Le contrat d'engagement passé au pays d'enrolement

L'opération la plus importante après l'embauchage des coolies, c'est la rédaction et la signature du contrat d'engagement.

Ce contrat est un acte très spécial qui mérite de retenir quelques instants notre attention.

Les travailleurs recrutés sont amenés devant le fonctionnaire chargé d'enregistrer officiellement les enrôlements et, sans qu'ils sachent même à quel patron on les destine, on leur fait signer un contrat.

En France, quand deux personnes s'obligent réciproquement, elles se connaissent généralement, c'est-à-dire qu'elles sont suffisamment renseignées l'une sur l'autre pour ne pas craindre de se lier par un contrat. Dans le contrat de louage de services en particulier, l'ouvrier accepte souvent les conditions en considération de la personne de son futur patron.

Il n'en va point ainsi aux colonies. L'immigrant signe dans son pays un engagement en blanc sans rien savoir de son engagiste. S'il n'est pas satisfait de son patron ou du marché qu'il a conclu, il n'aura pas la faculté d'aller purement et simplement offrir ses services ailleurs, et à un autre patron. Il devra rester, sauf des cas très exceptionnels, chez le maître que le sort lui aura imposé.

Il ne lui sera pas permis de porter ses plaintes directement devant un tribunal comme le peut un ouvrier, en France ; il devra s'adresser à un syndic, qui décidera seul, s'il y a lieu de donner suite à sa réclamation.

Presque toujours d'ailleurs, lorsque les récriminations du coolie sont écoutées, l'engagiste s'en tire à bon compte.

Il faut surtout que l'immigrant se garde de crier trop haut les injustices dont il souffre ; qu'il ne s'avise pas, en manière de protestation, de cesser son travail. Il serait aussitôt appréhendé, conduit à l'atelier public et contraint au travail malgré sa volonté. On n'admet pas, aux colonies, qu'un engagé se permette de de ne rien faire.

On a eu même beaucoup de mal à faire entendre aux engagistes qu'ils pouvaient être obligés par la justice à respecter les droits de leurs engagés :

N'est-il pas monstrueux, publiait en 1880, *l'Écho de la Guadeloupe* qu'un engagiste puisse avoir à comparaître en justice en face d'un engagé ! A la moindre dénonciation de l'engagé contre son engagiste, on ouvre une enquête, un débat contradictoire a lieu et l'égalité s'établit entre l'acheteur et l'acheté !

Il serait donc indispensable de ne laisser accepter par les coolies, qu'en parfaite connaissance de cause, les conditions de l'engagement qu'ils vont souscrire et l'intervention d'un officier public chargé de faire les explications utiles, apparaît comme nécessaire.

Les premiers textes législatifs relatifs à l'immigration s'occupent des contrats passés au pays d'enrôlement, mais n'insistent pas suffisamment sur ce fait que le fonctionnaire chargé de recevoir les engagements doit en expliquer les conditions aux contractants.

Un arrêté du 11 juin 1849 parle du nombre d'Indiens qui pourront être introduits chaque année à la Réunion (art. 1er). Il indique aussi que les engagements devront être passés par écrit (art. 2). L'article 5 fixe la durée maxima des engagements ; les articles suivants déterminent la quotité et la nature des prestations à fournir par l'engagé et l'engagiste (1). Le

1. Arrêté 11 juin 1849, article premier. — Il pourra être introduit dans la colonie, par des navires de commerce français, des travailleurs indiens, jusqu'à concurrence du nombre déterminé chaque année par l'administration. Cette introduction sera soumise aux conditions ci-après :

décret du 27 mars 1852 porte que l'agent d'émigration nommé au lieu même où s'effectuera le recrutement devra enregistrer les enrôlements; qu'il fera connaître aux immigrants la nature du contrat de travail qu'ils sont appelés à signer (art. 8). La convention franco-anglaise de 1861 stipule dans ses articles 5 et 6 que :

Le gouvernement de Sa Majesté britannique désignera, dans les ports où aura lieu l'embarquement des immigrants un agent qui sera spécialement chargé de leurs intérêts. Aucun émigrant ne pourra être embarqué sans que ces agents aient été mis à même de s'assurer que l'émigrant s'est librement engagé, qu'il a une connaissance parfaite du contrat qu'il a passé, du lieu de sa destination, de la durée probable de son voyage et des divers avantages attachés à son engagement.

Ce sont là des indications très claires et très précises, mais qui n'ont pas été suivies dans tous les centres d'enrôlement.

Sans doute, le contrat est rédigé par écrit; et ceci est déjà une garantie, surtout pour l'engagiste. Sans doute, il y est mentionné quelle sera la durée de

---

Art. 2.— Les engagements dans l'Inde auront lieu par écrit et se feront en présence de l'autorité compétente.

Art. 5.— La durée de l'engagement ne pourra dépasser cinq ans (*Bull. off. de la Réunion*, année 1849).

l'engagement, combien de jours et d'heures de travail l'immigrant devra fournir, combien il gagnera et comment il sera payé. Les contrats stipulent aussi que l'engagé bénéficiera de l'assistance médicale gratuite. Qu'importe tout cela, si le malheureux coolie n'arrive que rarement à faire respecter ses droits par son maître !

Il fallait évidemment, quand on a réglementé l'immigration, faire venir dans nos colonies un grand nombre de travailleurs ; on devait les recruter au plus vite et ne pas s'attarder à des éclaircissements superflus. Ce n'était point trop de sacrifier des Indiens ou des Chinois pour assurer la prospérité des planteurs à qui des décrets trop humanitaires avaient enlevé leurs esclaves !

Si nous en croyons cependant une parole autorisée et compétente (1) : « Le contrat de travail, conclu dans ces conditions, appelle de toute évidence une réglementation spéciale donnant aux entrepreneurs les garanties nécessaires, mais protégeant la liberté et les droits des travailleurs, prévenant les malentendus et les interprétations abusives des engagements réciproques (2). »

---

1. A. Girault, *La Main-d'œuvre aux colonies* (*Revue d'Écon. politique*, année 1896, p. 147).

2. Jusqu'à maintenant, à notre connaissance, aucune mesure législative n'a été prise dans ce sens.

4° L'embarquement et le transport des engagés

Quand les coolies recrutés ont signé leur contrat d'engagement, on les embarque et on les dirige vers le pays d'immigration. Il ne faut pas que, dans ces différentes opérations, ils soient exposés à la malveillance des agents d'émigration.

Le décret du 27 mars 1852 prévoyait la nomination d'un fonctionnaire spécialement chargé de veiller à ce que les engagés n'aient pas à souffrir de leur voyage (art. 8). La convention de 1861 reprend les mêmes dispositions aux articles 5 et 6.

Comme il arrive que les immigrants n'ont pas toujours signé un contrat avant d'être embarqués, (art. 12, décret du 27 mars 1852) (1), on ne doit admettre que des individus jeunes, et d'un développement physique suffisant (art. 9, al. 2).

Pour que la traversée s'effectue dans de bonnes conditions, l'agent d'émigration s'assure que le navire en partance offre les garanties de navigabilité prévues par les lois maritimes :

Art. 19, al. 1 (2). — Les bâtiments devront être munis

1. Art. 12 du décret du 27 mars 1852. — Les immigrants de l'Inde pourront être dispensés de contracter préalablement l'engagement de travail prévu par l'article 2.

2. Décret du 27 mars 1852.

d'une chaloupe et de deux canots indépendamment du canot dit de service; de pièces à eau en tôle, de manches à vent et autres appareils propres à assurer la ventilation pendant les gros temps, d'un coffre à médicaments suffisamment pourvu, ainsi que d'une instruction sur l'emploi desdits médicaments.

Art. 26, al. 2. — Lorsqu'un navire aura plus de quatre mois de campagne depuis la dernière visite subie, il ne pourra embarquer des émigrants sans avoir de nouveau été visité sous le rapport de navigabilité, par une autorité française compétente.

Les passagers doivent être convenablement logés et couchés.

Art. 20, décret du 27 mars 1852. — Les fournitures de couchage devront comprendre une couverture de laine pour chaque individu.

Art. 21. — Chaque émigrant aura droit à un emplacement d'un hectolitre au moins, pour son bagage et ses instruments aratoires.

On pourrait craindre en effet que les capitaines, afin d'embarquer beaucoup de monde, n'entassent les passagers dans des endroits trop restreints, où privés d'air et de lumière, ils succomberaient facilement.

Les émigrants doivent être convenablement nourris (art. 16, décret du 27 mars 1852). Il faut qu'il y ait à bord un médecin :

Art. 17. — Les bâtiments auront un officier de santé lorsqu'ils devront recevoir plus de la moitié du maximum de leurs passagers.

Art. 14 de la convention franco-anglaise de 1861. — Tout navire transportant des émigrants devra avoir à son bord un chirurgien.

Un hôpital sera aménagé sur le navire et un interprète accompagnera le convoi pendant le voyage (art. 15, convention de 1861).

5° Arrivée et débarquement des immigrants. L'immigration proprement dite

a) *Arrivée.* — Si l'on examine les différents actes législatifs qui ont réglementé l'immigration à la Réunion depuis 1852, on constate qu'on s'est occupé de protéger les nouveaux arrivants, mais aussi qu'on a de plus en plus cherché à ne recevoir que des individus valides et capables de fournir un travail utile.

Selon les règles ordinaires du droit maritime, le navire amenant des immigrants doit attendre, avant de pouvoir atterrir, que les autorités locales l'aient fait visiter, et aient donné aux passagers libre accès sur le sol de la colonie.

Un commissaire spécial fut d'abord chargé de vérifier le nombre et l'identité des immigrants.

On voulait éviter que le capitaine du navire fût tenté, au cours du voyage, de se livrer à un trafic illicite sur la personne de ses passagers. La traite avait été supprimée, il ne fallait pas la rétablir sous couleur d'immigration.

Décret du 27 mars 1852, art. 35. — A l'arrivée des navires porteurs d'immigrants, le commissaire spécial se rendra à bord et vérifiera le nombre des passagers et leur identité d'après l'état nominatif et signalétique adressé au gouverneur de la colonie, soit par l'agent d'émigration, soit par l'autorité maritime de France, s'il s'agit d'émigrants européens. Si des décès ont eu lieu pendant le voyage, le commissaire spécial les constatera et en enverra les actes au port d'embarquement. Il devra également faire transcrire sur les registres les naissances qui auront eu lieu pendant la traversée.

Mais ce commissaire était investi d'une autorité trop grande et ses opérations de vérification n'étaient pas soumises à un contrôle suffisant. La convention conclue le 1er juillet 1881 entre la France et l'Angleterre décida que, après les constatations faites par l'administration du port d'arrivée, un état nominatif des travailleurs débarqués « sujets de Sa Majesté britannique » et un état des naissances et des décès qui auraient pu se produire pendant la traversée, seraient remis à l'agent consulaire anglais.

Art. 19. — A l'arrivée dans une colonie française d'un

navire d'émigrants, l'administration fera remettre à l'agent consulaire britannique, avec les dépêches qu'elle aurait reçues pour lui : 1° un état nominatif des travailleurs débarqués, sujets de Sa Majesté britannique ; 2° un état des décès ou des naissances qui auraient eu lieu pendant le voyage.

Jusqu'en 1887, c'est toujours un commissaire spécial qui est, le premier, mis en rapport avec les immigrants. Le décret du 27 août 1887 dispose qu'il n'y aura plus un seul homme, mais une commission composée du protecteur et d'un agent de son service pour vérifier le nombre et l'identité des passagers et d'un médecin pour constater leur état de santé.

Art. 4. — A l'arrivée d'un navire chargé d'immigrants, aussitôt après l'accomplissement des formalités prescrites par les règlements sanitaires et avant le débarquement des immigrants, une commission composée du protecteur, d'un agent de son service délégué par lui, président, d'un médecin sanitaire, ou d'un capitaine de port, ou, à défaut, d'un des membres de la commission d'amirauté, se rend à bord et vérifie le nombre des passagers et leur identité, d'après la liste adressée au gouverneur par l'autorité chargée d'assurer ou de contrôler le recrutement des immigrants passagers (1).

1. Dislère, *Traité de législation coloniale*, t. II.

b) *Les opérations qui suivent le débarquement.* — Le décret du 27 mars 1852 et la convention de 1861 ne prescrivaient aucune mesure sanitaire à l'égard des immigrants débarqués à la Réunion. Des arrêtés des gouverneurs réglementèrent cette matière. Les principaux de ces actes sont : le règlement du 27 mars 1858 modifié par ceux des 18 mars et 15 avril 1859, les arrêtés des 31 janvier et 16 mars 1860, 31 janvier 1861, 17 août 1862, 22 juillet 1864 (1) et l'arrêté ministériel du 11 juin 1869.

L'arrêté du 11 juin 1869 sur l'importation des travailleurs indiens aux colonies indique, aux articles 15 et 22 : « A leur arrivée dans la colonie, les navires doivent être mis en quarantaine provisoire jusqu'à ce que l'autorité compétente ait pris une décision. Ceux des immigrants qui, soit par leurs infirmités, soit par leur mauvaise constitution, sont reconnus impropres aux travaux pour lesquels ils étaient engagés, doivent être rapatriés aux frais des introducteurs (2). » Ce sont les dispositions du décret du 27 août 1887 qui sont actuellement en vigueur à la Réunion. Les immigrants sont mis en observation dans un lazaret pendant cinq jours au moins. Chaque jour, un médecin les visite et se rend compte s'il n'y a pas, parmi eux, des individus atteints de maladies

---

1. *Bull. off. de la Réunion.*
2. A. Girault, *La Main-d'œuvre aux colonies.*

contagieuses, par conséquent dangereux, ou incapables de travailler, qui seraient une charge pour la colonie (1). A leur sortie du lazaret, les immigrants sont conduits au dépôt colonial et là, examinés à nouveau par une commission de cinq membres, dont un médecin. Ceux qui sont reconnus valides sont dirigés chez leurs engagistes ; les autres sont soignés à l'hôpital colonial aux frais des introducteurs, ou, s'ils sont jugés définitivement impropres au travail, rapatriés, toujours aux frais des introducteurs (2).

6° Répartition et immatriculation des engagés valides

a) *Répartition.* — La visite des immigrants terminée, l'administration procède à la répartition de ceux qu'on a reconnus valides. « Des considérations humanitaires doivent présider à cette répartition. Les convois d'immigrants comprennent souvent des familles entières, hommes, femmes et enfants ; ils peuvent comprendre aussi plusieurs familles unies entre elles par les liens du sang, véritables tribus de malheureux chassés de leur pays par la misère. Il y aurait une cruauté bien inutile à séparer et à envoyer dans des endroits différents les membres d'une même

1. Articles 7 et 11 du décret du 27 août 1887.
2. *Idem.*

famille. Il ne faut pas qu'un mari soit séparé de sa femme, que des enfants soient brutalement arrachés des bras de leur mère. Il ne sera, du reste, pas bien difficile d'obéir à ce sentiment d'humanité. Chaque engagiste a besoin d'un assez grand nombre de travailleurs, hommes femmes et enfants : on pourra donc grouper les immigrants par familles ou par tribus et enfin, si les circonstances le permettent, par individus ayant même lieu d'origine. Ces pauvres gens qui ont passé ensemble des années d'infortune, peuvent trouver un adoucissement à leur malheur dans la cohabitation et la communauté de travail sur l'étendue d'une même exploitation (1). »

En réalité, le décret du 15 février 1852 ne parlait pas de la répartition des immigrants. Il disait simplement dans son article 15 :

Toute personne ayant conclu, avec des ouvriers ou travailleurs, un contrat d'apprentissage ou de louage, d'association, de fermage ou colonage d'une durée d'un an au moins, est tenue de faire à la mairie de la commune, dans les dix jours, une déclaration faisant connaître la date et la durée de la convention et portant état nominatif des ouvriers ou travailleurs attachés à l'établissement ou à l'exploitation. Lorsque le contrat d'engagement a été passé hors de la colo-

---

1. Rougé, *Des Conditions auxquelles sont soumises l'émigration et l'immigration des travailleurs dans les colonies françaises et étrangères*. Thèse Poitiers, 1900.

nie, il doit être déclaré au maire dans les dix jours de l'arrivée de l'immigrant dans la commune, par le propriétaire, patron, ou chef d'établissement ou de l'exploitation où sera placé l'engagé. Toute mutation dans le personnel des ouvriers ou travailleurs, tout renouvellement, toute résiliation du contrat donnera lieu à une pareille déclaration dans le même délai de dix jours (1).

Ainsi donc, sous l'empire de ce décret, on n'était pas obligé de tenir compte des liens du sang dans la répartition des engagés. L'administration s'inquiétait seulement de savoir, au cours de l'engagement, où se trouvaient les coolies ; comme au temps de l'esclavage, un mari pouvait être séparé de sa femme, une mère de ses enfants.

Ce n'est qu'avec la convention franco-anglaise de 1861 que nous voyons apparaître quelques dispositions bienveillantes à l'égard des immigrants que l'on va répartir entre les engagistes.

Art. 21.— Dans la répartition des travailleurs, aucun mari ne sera séparé de sa femme, aucun père ni aucune mère de ses enfants âgés de moins de quinze ans. Aucun travailleur, sans son consentement, ne sera tenu de changer de maître, à moins d'être remis à l'administration ou à l'acquéreur de l'établissement dans lequel il est occupé.

Aux termes du décret du 27 août 1887 :

---

1. *Journ. off.*, année 1852.

Art. 21. — Aucun mari n'est séparé de sa femme, aucune mère de ses enfants âgés de moins de quinze ans.

Les immigrants sont, autant que possible, groupés par individus ayant le même lieu d'origine.

Dans la mesure où les circonstances et le respect des liens de famille le permettent, le nombre proportionnel des femmes est le même pour tous les groupes.

La convention franco-anglaise de 1897 renferme des dispositions analogues.

La répartition des engagés se fait en tenant compte des demandes des engagistes et selon l'importance de la propriété sur laquelle les demandeurs veulent employer des travailleurs. Il est nécessaire que les engagistes offrent des garanties morales et matérielles sérieuses, afin qu'on ait la certitude que les immigrants seront bien traités et convenablement logés et nourris. Il faut aussi tenir compte de l'importance de l'exploitation. De cette manière, on ne risque pas de confier trop de travailleurs à des propriétaires qui seraient hors d'état de leur payer régulièrement des salaires.

b) *Immatriculation*. — Pendant la période d'internement au lazaret ou immédiatement après, tous les immigrants sont inscrits sur un registre spécial. Ce registre, appelé « Matricule générale des immigrants », doit mentionner le nom de chaque immigrant, celui de ses père et mère et celui de ses héritiers, l'indication de son lieu de naissance et d'origine, celui du lieu où son contrat d'engagement a été passé, la date de son arrivée dans la colonie, le nom et le domicile de son engagiste, les conditions de son engagement (décret du 27 août 1887, art. 13). Sous le régime du décret du 13 février 1852 (art. 13). à la place de l'immatriculation, on faisait une simple déclaration qui contenait les noms des immigrants, la date et la durée du contrat. Les travailleurs étaient attachés à l'établissement dans lequel on les employait, non à la personne de leur maître.

Actuellement encore, ils sont attachés à l'exploitation. Article 23, décret du 27 août 1887 : « Aucun travailleur, sans son assentiment, n'est tenu de changer d'engagiste. » Convention franco-anglaise de 1897, article 22 : « Aucun travailleur ne sera transféré sans son assentiment, d'une commune dans une autre non plus que tenu d'accepter un nouveau maître. » Cette situation peut être comparée à celle de nos anciens serfs de la glèbe.

Quand les opérations d'inscription sur la *Matricule générale* sont faites, dans les dix jours, le bureau de l'immigration transmet au syndic du lieu de résidence de l'immigrant copie, *in extenso*, des indications du registre. Le syndic, à son tour, reporte ces indications sur la Matricule syndicale (art. 15, décret du 27 août 1887 (1).

---

1. Dans le délai de dix jours après l'inscription de l'immi-

L'administration sait donc toujours où se trouvent les engagés et ce qu'ils font ; il lui est facile de réprimer toute velléité d'indépendance, laquelle, aux colonies, est à peu près synonime de désertion ou de vagabondage.

7° La protection des travailleurs immigrés

S'il est utile que les immigrants soient convenablement et humainement répartis entre les engagistes et que l'administration puisse savoir, quand elle le juge à propos, où ils sont et ce qu'ils font, il est aussi indispensable qu'ils soient légalement protégés. Ils sont venus, de très loin, dans un pays dont ils ne connaissaient ni la langue ni les mœurs ; s'ils ont des devoirs, ces hommes ont aussi des droits. Et, si on avait compté uniquement sur la droiture et la bienveillance de leurs employeurs, on aurait risqué de les exposer sans défense à la merci de maîtres trop enclins à ne rechercher que leur propre bien.

Chez nous, où des lois toujours plus nombreuses

---

grant sur le registre de la Matricule générale, le bureau central de l'immigration transmet au syndic du lieu de la résidence copie, *in extenso*, des indications portées sur le registre. Le syndic les reporte à son tour et avec un numéro d'ordre particulier, sur un registre spécial dit Matricule syndicale.

déterminent les rapports entre employeurs et employés, des conflits s'élèvent souvent entre patrons et ouvriers, parce que les patrons ne tiennent pas compte des droits de leurs ouvriers, d'autres fois aussi parce que les employés se montrent exigeants.

Si les parties ne luttent pas toujours à armes égales, elles savent du moins comment se défendre. La situation n'est pas la même aux colonies pour des pauvres diables que, dans la plupart des cas, la misère a forcés à s'expatrier. Il était donc nécessaire qu'une autorité locale intervînt pour les protéger.

a) *Le commissaire spécial de l'immigration.* — Jusqu'à la convention franco-britannique de 1861, la sauvegarde des intérêts des immigrants était assurée par le commissaire spécial de l'immigration. Nous avons déjà signalé l'insuffisance de son action à propos des formalités d'arrivée et de débarquement.

L'article 35 du décret du 27 mars 1852 déterminait le rôle de ce commissaire :

> Le commissaire spécial chargé de contrôler l'introduction des immigrants recevra les déclarations et, s'il y a lieu, les plaintes des immigrants sur la manière dont ils ont été traités à bord des navires.

Un arrêté du 30 août 1860 traita aussi de la protection des immigrants dans son chapitre IV, et plus spécialement du rôle du commissaire de l'immigration à l'article 41 :

Le commissaire de l'immigration fait des tournées sur les habitations ; il veille à ce que les règlements sur l'immigration reçoivent partout leur exécution ; il s'assure que les engagistes s'acquittent de toutes leurs obligations envers les engagés, et, réciproquement, que ceux-ci satisfont aux obligations qu'ils ont consenties. Le commissaire de l'immigration est encore chargé de diriger les engagés dans les versements qu'ils auraient à faire au Trésor de toutes sommes destinées à être envoyées à leur famille (1).

Mais il fallait une intervention plus indépendante. Pourquoi n'aurait-on pas confié aux consuls, spécialement chargés de protéger leurs nationaux à l'étranger, le soin de veiller aussi aux intérêts des immigrants. Les immigrants sont des étrangers ; il paraissait naturel qu'il leur fût possible de trouver aide et protection auprès de leurs agents consulaires.

b) *Les Consuls.* — La convention franco-anglaise de 1861 (art. 19 et 20) décida que les consuls anglais seraient chargés de protéger dans nos colonies, en même temps que leurs nationaux venus librement, ceux qui y seraient arrivés liés par un contrat de travail.

Le consul anglais du lieu de débarquement des émigrants recevra de l'administration : 1° un état nominatif des travail-

1. *Bull. off. de la Réunion*, année 1860.

leurs débarqués, sujets anglais ; 2° un état des décès ou des naissances qui auraient eu lieu au cours du voyage. Le consul britannique devra pouvoir communiquer librement avec les immigrants avant leur distribution dans la colonie. Une copie de l'état de distribution sera remise à l'agent consulaire. Il sera donné avis au consul de l'engagement, des changements de maître, des rapatriements. Les immigrants, conformément aux règles du droit internationnal, devront pouvoir se rendre librement chez le consul anglais et entrer en rapport avec lui.

Ainsi, à partir de 1861, les Indiens immigrés à la Réunion furent protégés par les consuls anglais, concurremment avec le commissaire spécial. Cette protection ne parut cependant pas suffisante au gouvernement indien qui interdit, en 1872, l'enrôlement des coolies pour la Réunion.

Un arrêté local du 28 novembre de la même année avait nommé une commission qui avait pour tâche de procéder à la codification des divers arrêtés et règlements sur la protection et la police des immigrants. A la suite des travaux de cette commission et des délibérations du conseil général, un projet de décret, destiné à réglementer dans son ensemble le régime du travail à la Réunion, fut soumis à l'étude d'une commission internationale, puis à l'examen du Conseil d'État. Il parut préférable de scinder ce projet en deux et de donner une solution à la portion organisant le service de l'immigration proprement dite.

Ce fut l'objet du décret du 30 mars 1881 dont les prescriptions sont empruntées en partie à la législation sur l'immigration dans la colonie anglaise de Maurice.

c) *Le protecteur des immigrants.* — Ce décret organisa à la Réunion un service, dit de l'immigration, dont le chef, nommé par le Président de la République, s'appelle « Protecteur des immigrants » et dépend directement du gouverneur de la colonie.

Article premier (al. 1 et 2). — La protection des immigrants à la Réunion est confiée à un service spécial, dit service de l'immigration. Le chef de ce service est nommé par le Président de la République ; il porte le titre de protecteurs des immigrants, et est placé sous l'autorité directe du gouverneur de la colonie.

Les articles 2 et 3 définissent ce qu'on entend par immigrants.

Art. 2. — Sont qualifiés d'immigrants, les travailleurs asiatiques ou africains introduits à la Réunion dans les conditions prévues par le décret du 27 mars 1852. Tous autres travailleurs quels que soient leur pays d'origine et leur nationalité, sont soumis au principe du droit commun qui régit le louage de services, notamment l'article 1142 du Code civil.

Art. 3. — Il y a, dans chaque canton, un syndic titulaire. Dans les communes non chefs-lieux de canton, les secrétaires de mairies et des agences municipales peuvent remplir les fonctions de syndics, sous la surveillance et la responsabilité des syndics cantonaux.

Aux articles 6, 7 et 8 sont déterminées les fonctions du protecteur.

Art. 6. — Le protecteur des immigrants a, dans ses attributions, le contrôle de l'introduction des immigrants et de la conclusion de leur contrat d'engagement et de réengagement, ainsi que des mesures à prendre pour leur rapatriement.

Art. 7, al. premier. — Le protecteur des immigrants visite personnellement, au moins une fois par an, les habitations, ateliers agricoles ou industriels et autres établissements. Ce droit de visite ne s'étend pas au domicile privé de l'engagiste.

Al. 2. — Il inspecte les hôpitaux, les logements, les camps ; il s'assure de la qualité des vivres, de l'exactitude des poids et mesures servant aux distributions.

Al. 6. — Le protecteur sera accompagné, une fois par an, et plus, si c'est nécessaire, par un médecin désigné par le gouverneur.

Art. 8, al. premier. — Le protecteur dirige les immigrants pour tout ce qui touche l'exercice des actions judiciaires qu'ils auraient à intenter à l'occasion de leurs contrats de travail. Il a seul qualité soit par lui-même, soit par un délégué, pour représenter, quand il le juge à propos, les immigrants dans leurs actions judiciaires.

Al. 3. — Le protecteur des immigrants et les syndics sont investis de la qualité d'officiers de police judiciaire pour ce qui concerne la constatation des délits et contraventions en matière d'immigration.

Al. 4.— Ils sont, en cette qualité, soumis à la surveillance du procureur général, sans préjudice de la subordination vis-à-vis de leurs supérieurs administratifs.

Le décret du 30 mars 1881 ne répondit pas aux espérances qu'il avait fait naître, car, en 1882, le gouvernement de l'Inde interdit de nouveau le recrutement des travailleurs à destination de la Réunion, pour les raisons suivantes, que nous avons précédemment exposées (1) :

1° On subordonnait trop les droits de l'employé à ceux de l'engagiste ;

2° On tardait trop à rapatrier les Indiens à l'expiration de leur contrat d'engagement ;

3° On les protégeait insuffisamment pendant leur séjour dans la colonie.

Aussi, l'administration pensa-t-elle qu'on pourrait obtenir du gouvernement indien la reprise de l'immigration en lui donnant l'assurance que les engagés

1. Dans le paragraphe consacré à l'histoire du recrutement des immigrants.

seraient efficacement protégés. C'est dans ce but que fut préparé le décret du 27 août 1887.

Le projet de décret avait été présenté à la signature du Président de la République, accompagné d'un rapport du ministre de la Marine (1). Le gouvernement général de l'Inde demandait que les con-

---

1. Rapport au Président de la République française, suivi d'un décret réglementant l'immigration à la Réunion (27 août 1887).

« Monsieur le Président,

» En 1882, à la suite de plaintes formulées par le consul anglais à la Réunion, sur la manière dont les Indiens étaient traités, le gouvernement général de l'Inde suspendit le recrutement pour cette colonie et déclara, après de longues négociations, qu'il ne lèverait cette interdiction que sous les conditions suivantes, savoir :

» 1° Les dépenses d'immigration seraient inscrites parmi les dépenses obligatoires ;

» 2° Les contrats de réengagement ne pourraient être conclus avant l'expiration du premier contrat et seraient soumis à la ratification ou au visa du consul anglais ;

» 3° Le consul aurait le droit de visiter et d'inspecter toutes les propriétés de la colonie sur lesquelles sont employés les immigrants.

» La première de ces réformes, devant modifier le sénatus-consulte du 4 juillet 1866, ne peut être réalisée que par une loi. Il ne semble pas utile de prendre une mesure aussi radicale. Il est également impossible d'accueillir les prétentions du vice-roi sur le troisième point, car il est contraire aux lois françaises sur la propriété.

» Quant au droit de visa, cette formalité est pratiquée à la Réunion depuis 1877 ; les contrats de réengagement ne deviennent définitifs qu'après le visa du consul ; ce fonctionnaire peut présenter ses observations à l'administration

suls de la Réunion fussent autorisés à visiter et à inspecter toutes les propriétés sur lesquelles seraient employés des immigrants.

Ces exigences paraissaient excessives au ministre, et, au surplus, incompatibles avec la notion française du droit de propriété. Les planteurs n'auraient jamais supporté que des agents étrangers se soient immiscés dans leurs affaires; ils supportaient déjà avec peine la surveillance et le contrôle des fonctionnaires français. L'Angleterre voulait, en outre, que les consuls aient le droit de visa et de contrôle sur les contrats signés dans la colonie; le ministre répondait que, en réalité, depuis 1877, les contrats de réengagement ne produisaient leurs effets qu'après approbation du consul anglais. Satisfaction était par conséquent donnée à l'Angleterre, sur ce point.

---

locale à qui il appartient d'autoriser ou non le réengagement des Indiens.

» Mais, dans un but de conciliation, l'administration des colonies a pensé qu'on pourrait obtenir du gouvernement indien la reprise de l'immigration en lui donnant l'assurance, en échange des conditions qu'il est impossible d'accueillir, que les immigrants seraient efficacement protégés par l'administration française.

» C'est dans ce but qu'a été préparé le projet de décret ci-joint, adopté dans ses grandes lignes par le Conseil d'État, et dans lequel ont été insérées toutes les clauses susceptibles d'assurer la condition des travailleurs. » (*La Main-d'œuvre aux colonies*, 1re série, t. I. Bibliothèque coloniale internationale.)

Il restait le droit, pour les agents consulaires, de visiter les exploitations et de contrôler le travail qu'on y imposait aux immigrants. Et on ne pouvait partager les vues de l'Angleterre, de ce côté.

On voulait cependant obtenir la reprise de l'immigration, en donnant au gouvernement de l'Inde l'assurance que ses nationaux seraient efficacement protégés par l'administration française. Dans ce but fut préparé un projet de décret qui devint le décret du 27 août 1887 et qui portait réorganisation du service de protection des immigrants à la Réunion.

En 1897, une convention passée avec l'Angleterre vint confirmer les dispositions du décret du 27 août 1887. Cette convention stipule à l'article 19 :

A l'arrivée à la Réunion d'un navire de travailleurs indiens, l'administration prendra les mesures nécessaires pour que le consul britannique puisse communiquer avec les immigrants avant leur répartition dans la colonie.

Au Congrès de l'Institut colonial international, tenu à Bruxelles en 1899, on proposa de désigner un protecteur spécial, chargé par le gouvernement du pays d'enrôlement, d'accompagner les convois d'immigrants jusqu'à leur arrivée dans la colonie, et de rester auprès d'eux pendant leur séjour sur la terre d'immigration, afin de veiller à leur sécurité. Cette proposition était généreuse et semblait faite pour apaiser les susceptibilités des pays où se recrutent les engagés. Elle parut cependant un peu hardie.

Le séjour de ce commissaire dans la colonie d'immigration serait une source continuelle de conflits entre engagés et engagistes. En outre, la présence de ce contrôleur étranger porterait atteinte à la souveraineté du pays engagiste ; un État souverain ne saurait tolérer qu'un autre État, quelque désir qu'on ait d'entretenir avec lui des relations d'amitié, vienne exercer, sur un territoire qui n'est pas le sien, des mesures de surveillance et de police, alors même qu'il s'agirait de protéger des immigrants.

Voici, d'ailleurs, ce que disait M. A. Girault, à l'une des sessions du Congrès de Bruxelles, au sujet de ce commissaire que l'on voulait charger de protéger, en pays engagiste, des compatriotes immigrés :

Vous lui donnez une mission bien délicate et bien difficile : il devra tâcher de s'entendre avec les autorités du pays, avec les agents consulaires de son pays, avec les chefs de travaux, pour sauvegarder les droits et les intérêts des engagés. Je crois que votre commissaire protecteur ne s'entendra avec personne et qu'il sera, au contraire, une pomme de discorde que vous jetterez dans la colonie. Je trouve même, quant à moi, que c'est manifester une défiance singulière vis-à-vis des agents consulaires du pays d'enrôlement. Pourquoi voulez-vous interposer, entre le consul et les engagés, une autre personne ? Le consul suffit, je crois, à cette mission.

D'autre part, croyez-vous que le gouvernement du pays d'enrôlement admettra que l'agent d'un gouvernement étranger vienne exercer chez lui une pareille surveillance ? Vous voulez donnez à un étranger une part d'autorité dans un pays qui n'est pas le sien. Cela ne me paraît pas admissible. Gouvernement, comme charbonnier, veut être maître chez soi.

Mais ce n'est pas tout ; ce commissaire protecteur devra intervenir entre les patrons et les engagés ; il pourra donc aller chez les particuliers exercer une certaine surveillance. On accepte déjà difficilement la surveillance lorsqu'elle est exercée par le fonctionnaire de son pays ; à plus forte raison ne l'acceptera-t-on pas quand elle sera exercée par les agents d'un gouvernement étranger. Vous allez donc, je pense, courir au-devant de difficultés certaines, de difficultés qui peuvent être très grandes et qui pourraient finir par tourner en difficultés diplomatiques. Je crois, d'autre part, que la présence de ce commissaire protecteur ne sera pas utile et qu'elle sera au contraire un prétexte pour les agents consulaires de se désintéresser du sort des engagés. Puis, à côté de ce commissaire protecteur, il y aura également un autre fonctionnaire nommé par le pays engagiste, celui-là, le protecteur des immigrants. Est-ce que la surveillance du protecteur des immigrants ne suffit pas ? Ne remplit-il pas toutes les conditions d'honorabilité désirables ? Ne ferez-vous pas naître des conflits entre ces deux protecteurs des engagés (1)?

1. Session du Congrès colonial internat. de Bruxelles, séance du 7 avril 1899.

Nous venons d'indiquer, d'une manière générale, à quelles personnes est dévolu le soin de veiller à la sécurité des immigrants à la Réunion.

A l'origine, et jusqu'en 1861, les consuls anglais protègent les engagés en même temps que le commissaire. En 1881, apparaît le protecteur des immigrants.

Mais il n'y a qu'un seul commissaire pour toute la colonie, un seul protecteur et un seul consul. Or, les centres de colonisation sont nombreux et épars sur le territoire de l'île. Il fallait placer, sous les ordres du commissaire ou du protecteur, un certain nombre d'agents, intermédiaires entre les engagés et l'administration centrale, et investis d'une autorité propre. Ce furent les syndics.

d) *Les syndicats protecteurs et les syndics cantonnaux.* — L'article 36 du décret du 27 mars 1852 prévoyait la création, dans nos colonies en général, d'un syndicat protecteur des immigrants au chef-lieu de chaque arrondissement (1).

A la Réunion, un arrêté du 30 août 1860, après

---

1. Les gouverneurs pourvoieront, par des règlements spéciaux, à toutes les mesures de protection que pourra réclamer la situation des immigrants et notamment, quand il y aura lieu, à l'organisation de syndicats destinés à leur servir d'intermédiaires auprès de l'administration et d'ester pour eux en justice à fin d'exercice de leurs droits envers les engagistes et de recouvrement de leurs salaires et de leur part dans les produits.

avoir indiqué quel devait être le rôle du commissaire créa un syndicat protecteur dans chaque arrondissement, nomma un syndic auprès de chaque justice de paix et détermina le rôle du syndicat et des syndics.

Art. 42, al. 1. — Conformément à l'article 36 du décret du 27 mars 1852, un syndicat protecteur des immigrants est créé au chef-lieu de chaque arrondissement.

Art. 43. — Le syndicat est chargé de diriger les immigrants pour tout ce qui touche à l'exercice des actions judiciaires qu'ils auraient à intenter; il a seul qualité pour lui ou ses délégués, pour ester en justice dans l'intérêt des immigrants.

Art. 45. — Des syndics sont institués auprès de chaque justice de paix ; ils sont, dans les communes, les délégués du syndicat d'arrondissement.

Art. 46. — Le syndicat d'arrondissement reçoit, par l'intermédiaire et les soins des syndics cantonaux et du commissaire de l'immigration, toute plainte ou réclamation des immigrants, pouvant aboutir à une action judiciaire.

Art. 51. — Les syndics s'assurent que les prestations et les salaires dus aux immigrants leur sont régulièrement fournis dans les termes et suivant le mode indiqué dans l'acte d'engagement, ou déterminé par la loi.

Art. 54. — Le commissaire de l'immigration peut déléguer au syndic cantonal le droit de visite sur une ou plusieurs habitations, toutes les fois que les circonstances paraissent l'exiger; en cas de plainte de la part des engagistes ou des engagés, le syndic cantonal a le droit de se transporter sur les lieux pour vérifier l'exactitude des faits (1).

Un arrêté du 19 février 1863, concernant les journées d'absence des engagés et les arrêtés des 10 septembre 1872 et 6 août 1877 sur les réengagements contiennent des dispositions intéressantes sur le rôle protecteur des syndics.

Arrêté du 19 février 1863 :

Art. 4. — Un propriétaire qui aura à réclamer des journées d'absence de ses engagés devra en faire constater le nombre par le syndic avant l'expiration de l'engagement.

Le syndic s'assurera de la concordance des indications fournies à cet égard par ses propres écritures, avec celles résultant des registres de la police et du registre de l'hôpital de l'habitation (2).

Arrêté du 10 septembre 1872 :

Art. 6. — Préalablement à la passation de tous contrats de service avec les travailleurs immigrants, les parties contractantes devront se présenter devant le syndic du domicile de l'engagiste.

Art. 7. — Le syndic, en sa qualité de tuteur légal des immigrants de sa circonscription, vérifiera l'identité du travailleur et sa situation, appréciera les conditions et les

1. *Bull. off. de la Réunion*, année 1860.
2. *Bull. off. de la Réunion*, année 1863.

garanties offertes par l'engagiste et aussi la sincérité du contrat projeté.

Art. 14. — Les syndics sont tenus de poursuivre d'office, conformément aux dispositions des articles 44 et 57 de l'arrêté du 30 août 1860, la résiliation des engagements passés en contravention de l'article 12 et ceux dont les conditions, notamment celles relatives aux prestations en nature, ne sont pas observées à l'égard de l'immigrant (1).

A son tour, le décret de mars 1881, en créant un service spécial de l'immigration, indiqua les attributions des syndics dans son article 9 (al. 1, 2, 3 et 5).

Al. 1. — Les syndics cantonaux et les syndics auxiliaires assurent, sous les ordres du protecteur, la marche du service.

Al. 2. — Ils sont chargés de recevoir les contrats d'engagements et de réengagements, les transferts et les cessions d'engagements.

Al. 3. — Les syndics cantonaux sont astreints à une visite trimestrielle sur chaque habitation de leur canton.

Al. 5. — Les syndics assistent à toutes les audiences de justice où des immigrants sont en cause.

Nous avons vu que le décret du 27 août 1887 avait pour but d'obtenir l'autorisation de recommencer

---

1. *Bull. off. de la Réunion*, année 1872.

aux Indes le recrutement des coolies et surtout d'atténuer les appréhensions de l'Angleterre sur la manière dont les immigrants étaient protégés à la Réunion. A cet effet, l'article 125 organisa un syndicat protecteur dans chaque arrondissement et l'article 126 en indique les attributions :

Art. 126. — Le syndicat est chargé de diriger les immigrants pour tout ce qui touche à l'exercice des actions judiciaires qu'ils auraient à intenter ou à soutenir et ayant trait à leur condition d'engagés. Il a seul qualité, par lui-même ou par les syndics cantonaux, ses délégués, pour ester en justice dans l'intérêt des immigrants.

L'article 127 porte que le syndicat, sur l'avis motivé du protecteur, approuvé par le directeur de l'Intérieur, peut faire résilier les engagements au cas où l'engagiste aurait été condamné pour mauvais traitements envers les immigrants, ou lorsque « les conditions légales de salubrité et d'hygiène et celles sous lesquelles l'engagement a été contracté ne sont pas observées à l'égard desdits immigrants. »

e) *L'assistance judiciaire accordée aux immigrants.* — Il arrive que les immigrants ont à ester en justice contre leurs engagistes. Dans ces circonstances, ils sont conseillés et dirigés par les agents du service de protection. Mais ce serait là un mince avantage, si les engagés avaient à supporter les dépenses d'une action judiciaire ; leurs salaires sont bien petits et, aux colonies comme dans la métropole, les frais de justice sont toujours élevés. Aussi, a-t-on étendu aux travailleurs immigrés les dispositions de la loi métropolitaine du 22 janvier 1852 accordant le bénéfice de l'assistance judiciaire aux plaideurs peu fortunés.

L'arrêté du 30 août 1860 rend applicable à la Réunion la loi sur l'arsistance judiciaire.

Art. 47. — Pendant les cinq premières années de leur séjour dans la colonie, les immigrants, par leur seule qualité et sans aucune justification d'indigence, jouissent du bénéfice de l'assistance judiciaire instituée par la loi du 22 janvier 1852.

Antérieurement à 1861, ceux des immigrants qui consentaient à se réengager perdaient tout droit à l'assistance judiciaire et au patronage des syndics, pour la durée de leur nouveau séjour, conformément à l'article 91 du décret du 30 août 1860.

L'action du syndicat ou des syndics, en ce qui concerne le patronage qu'assure aux immigrants l'article 36 du décret du 27 mars 1852, cesse de plein droit à leur égard, lorsqu'ils ont accompli cinq années d'engagement.

Le gouverneur de l'époque estima qu'il y avait, dans l'application littérale de cet article 61, un danger pour les immigrants qui signaient un nouveau contrat et que, d'ailleurs, telle n'avait pu être la volonté du législateur. Le 18 juin 1861, il publia un arrêté accordant aux immigrants qui se réengagaient le droit à l'assistance judiciaire.

Article premier. — Les immigrants qui, à l'expiration du terme de leur contrat, consentiront à souscrire un nouvel engagement, conserveront le droit à l'assistance judiciaire qui leur est réservé par l'article 47 de l'arrêté du 30 août 1860.

Art. 2. — Tout contrat de réengagement fait courir à nouveau le délai fixé par l'article 61 de l'arrêté précité en ce qui concerne l'action du syndicat (1).

Les dispositions libérales de l'arrêté du 18 juin 1861 furent suivies dans le grand décret de 1887. L'article 131 donne aux immigrants en général le bénéfice de l'assistance judiciaire :

Les immigrants, sauf ceux qui ont obtenu l'autorisation de séjourner librement, jouissent, pendant toute la durée de leur séjour dans la colonie (2), du bénéfice de l'assistance judiciaire. Ils jouiront également, dans la même situation, du bénéfice de la loi du 10 décembre 1850 sur les mariages d'indigents.

---

1. *Bull. off. de la Réunion*, année 1861.
2. Il est évident que les termes : « pendant toute la durée de leur séjour dans la colonie » signifient que les immigrants ont droit à l'assistance judiciaire, qu'ils soient liés par un contrat primitif ou qu'ils aient consenti à se réengager.

8° Les conditions de séjour et de travail des immigrants

1° *Sous le régime des décrets de 1852*

Nous avons essayé d'examiner comment les travailleurs immigrés étaient protégés. Il nous reste à étudier une matière plus importante, parce quelle traite de ce qui est le but même de l'immigration, et plus intéressante parce qu'elle nous met en présence de situations inconnues en France : un déclassement du contrat de louage d'ouvrage sous le nom de contrat d'engagement et l'obligation, pour tout individu engagé, de fournir un travail continu et régulier, sous peine d'être considéré comme vagabond et puni de l'amende ou de la prison.

Le législateur de 1852 avait organisé la main-d'œuvre en se fondant sur cette idée que les travailleurs, amenés à grands frais de l'Inde ou de la Chine, devaient dédommager les colons des sacrifices qu'ils faisaient pour leur enrôlement, leur transport et leur protection. On estimait aussi qu'on rendait service aux immigrants en leur procurant de l'ouvrage et en les empêchant de mourir de faim chez eux. On ne tenait pas compte que les coolies sauvaient les colonies de la ruine.

C'est ce qui explique la rigueur des mesures relatives au travail et au séjour des engagés : l'obligation au livret (1) pour tout individu travaillant chez autrui, la répression sévère de l'absence, l'organisation des dépôts coloniaux, véritables prisons où l'on enfermait, avec des individus dangereux, les engagés dont le seul tort était d'avoir quitté leur chantier.

On a critiqué avec raison cette organisation du travail par les décrets de 1852. M. Huc écrivait en 1877 (2) :

Le travail agricole, qui était autrefois le partage exclusif de la servitude, avait besoin d'être réhabilité. Il fallait rehausser la dignité du travailleur, réprimer sans doute la mendicité et le vagabondage, mais il est équitable d'admettre le travailleur sur un pied de parfaite égalité avec le propriétaire, en s'écartant le moins possible du droit commun. Au lieu d'agir ainsi, qu'a-t-on fait ? Contrairement à tous les principes, contrairement aux notions les plus élémentaires du droit et de la justice, on a rattaché au droit pénal la sanction d'obligation dont l'inexécution ne doit jamais donner lieu qu'à une action civile ordinaire. Si un travailleur agricole manque aux engagements par lui contractés, il encourra,

---

1. Art. 12. décret du 14 février 1852. — Tout individu travaillant pour autrui, soit à la tâche ou à la journée, soit en vertu d'un engagement de moins d'une année, tout individu attaché à la domesticité doit être muni d'un livret.

2. *La Martinique*. Étude de quelques questions coloniales, *op. cit.*

d'après le décret du 13 février 1852, la peine de l'amende et même de l'emprisonnement.

En Europe, pour tous les contrats sans exception, la violation de la convention par l'une des parties ne peut donner lieu qu'à une action civile. Dans les colonies, un système de sanction générale a été organisé de telle sorte que la dette du travailleur vis-à-vis du propriétaire peut s'augmenter facilement pour se résoudre dans l'obligation de fournir un nombre supplémentaire de journées de travail qui se transformeront elles-mêmes en journées de prison si le débiteur ne fournit pas cette nouvelle prestation.

a) *Les livrets.* — Il n'y aurait pas lieu de regretter l'obligation au livret, pour tout individu travaillant aux colonies, si ce livret avait seulement servi à renseigner les patrons sur les antécédents de l'ouvrier qu'ils avaient l'intention d'employer et s'il avait permis aux syndics de s'assurer que les engagistes payaient régulièrement les salaires de leurs employés et leur fournissaient tout ce qu'ils s'étaient engagés à donner (1).

Mais le livret servait à constater l'absence et le

---

1. En France, l'arrêté du 9 frimaire an XII avait institué le livret ouvrier. Considéré tout d abord comme un moyen juridique de nature à obliger l'ouvrier à l'exécution de ses engagements, il fut, par la suite, un instrument de servitude odieux auquel on assignait un rôle de policier. Aussi, fut-il supprimé par la loi du 2 juillet 1890.

vagabondage, délits prévus par les articles 6 et 17 du décret du 13 février 1852 (1) ; et c'est de l'application de ces articles que naissaient une foule d'abus. On considérait comme vagabonds les ouvriers qui protestaient, en ne travaillant pas, contre la dureté ou l'injustice de leurs employeurs. On obligeait à travailler celui dont l'intention était de ne rien faire.

Cette contrainte paraît étrange. Pourquoi accorder à l'engagiste, sur la personne de son engagé, un droit que les lois modernes ne donnent à aucun homme sur la personne d'un autre homme? On fait remarquer qu'il est impossible d'exiger de l'engagé qui ne remplit pas ses obligations les dommages-intérêts que tout commettant peut exiger de celui qu'il a commis si ce dernier ne tient pas ses promesses, parce que le coolie est presque toujours très pauvre et ignore tout de nos mœurs économiques. On parle aussi des dépenses qu'on a dû faire pour l'enrôler et le transporter. En France, cependant, quand un patron a besoin d'ouvriers, il arrive qu'il les fait venir de loin et qu'il supporte les frais de leur voyage. Pour être plus sûr de les garder, il leur fait

---

1. Art. 6, décret du 13 février 1852. — A défaut de conventions contraires, l'engagé subira, pour chaque jour d'absence ou de cessation du travail sans nul motif légitime, indépendamment de la privation de salaire pour cette journée, la retenue d'une seconde journée de travail à titre de dommages-intérêts.

parfois signer un contrat. Mais s'ils veulent quitter leur travail, même sans raisons,et qu'ils soient insolvables, l'employeur ne pourra jamais les obliger à demeurer et à terminer la tâche commencée.

Malgré les préjudices que peuvent causer aux colons les infractions des immigrants à leur contrat de travail, les décrets de 1852 ont fait de l'engagement un acte trop différent du louage d'ouvrage. Que l'on ne paie pas le coolie, qu'on le rapatrie au plus vite, s'il ne veut pas travailler. Mais puisqu'il est libre, on n'avait pas le droit de le traiter autrement qu'un homme libre.

b) *Les dépôts coloniaux. — Le vagabondage.* — Les décrets de 1852 n'avaient pas organisé les dépôts coloniaux. Ce fut un arrêté du gouverneur de la Réunion (7 septembre 1854) qui ordonna l'établissement d'un dépôt dans chaque commune. On devait y amener les engagés en état d'absence injustifiée et les vagabonds (1). Par contre,le décret du 13 février 1852,en plus des règles sur le vagabondage,avait pris, à l'égard des engagés, des mesures de police rigoureuses :

Art. 17, al. 2. — Quiconque sera trouvé dans une réunion

---

1. Décret du 13 février 1852, art. 17, al. 1. — Les vagabonds ou gens sans aveu sont ceux qui, n'ayant pas de moyens de subsistance, ne justifient pas d'un travail habituel par un engagement d'une année au moins ou par leur livret.

de vagabonds pourra être puni des peines contre le vagabondage.

Art. 19. — Tout fait tendant à troubler l'ordre ou le travail dans les ateliers, fabriques ou magasins, tout manquement grave des ouvriers ou des travailleurs envers le propriétaire ou chef d'entreprise, sera puni d'une amende de 5 à 100 francs, sans préjudice des peines plus fortes qui auraient été encourues à raison des circonstances du délit.

c) *Le paiement des salaires en argent et en nature.* — Il y avait une atténuation au régime du travail toujours obligatoire pour les engagés, dans le décret du 13 février 1852. L'engagiste était tenu de payer régulièrement les salaires de ses ouvriers, sous peine de condamnations au civil et d'une amende de police au cas de deux récidives dans la même année.

Art. 7, al. 1. — Quiconque ne fournira pas aux travailleurs engagés par lui, soit les prestations en nature, soit les salaires promis par le contrat d'engagement, pourra, après deux condamnations au civil encourues pour ce fait dans la même année, être puni d'une amende de police dans les limites déterminées par l'article 466 du Code pénal colonial.

d) *Le logement, les soins médicaux à donner aux immigrants.* — Le décret du 13 février 1852 ne s'occupe ni du logement, ni des soins médicaux à donner aux immigrants. L'article 9, dans son alinéa 3, parle seulement de la compétence des juges de paix relativement aux contestations qui pouvaient s'élever à propos de l'entretien des cases et jardins que l'engagiste devait réserver à ses coolies :

Les juges de paix continueront à connaître, soit en dernier ressort, soit à charge d'appel, dans les limites déterminées par la loi, des contestations qui pourraient s'élever sur la tenue et l'entretien des cases et des jardins indépendants.

Certains arrêtés des gouverneurs ont réglementé quelques détails du séjour des immigrants de la Réunion :

1° Un arrêté du 28 août 1853 fixe la rétribution à payer pour les visites, la vaccination, la garde et la surveillance des travailleurs venus de pays hors d'Europe et placés sous le régime de l'isolement (1) ;

2° Deux arrêtés des 23 août 1855 et 8 mars 1856 indiquent quels sont les vêtements et les soins qu'on doit donner aux immigrants mis en isolement ou en dépôt ;

3° Un arrêté du 12 juin 1862 règle la situation des

---

1. Article unique, al. 2. — Il sera payé une rétribution de 2 francs par individu pour les visites, la vaccination, la garde et la surveillance des travailleurs immigrants des pays hors d'Europe, placés sous le régime de l'isolement. *Bulletin officiel de la Réunion*, 1853.

immigrants indiens et autres, arrivant dans la colonie comme passagers libres d'engagement :

Article premier. — Tout immigrant, indien ou autre, arrivant dans la colonie comme passager libre d'engagement, devra, aussitôt son débarquement, se présenter au bureau central de police pour y faire les déclarations prescrites par l'article 3 de l'arrêté de 25 janvier 1849.

Art. 3. — Tout immigrant venu dans la colonie comme passager libre, porteur ou non d'un passeport régulier, s'il ne se trouve pas d'ailleurs dans les conditions requises par les règlements en vigueur pour l'obtention du permis de séjour, sera, sur la proposition du chef de service de la police et l'ordre du directeur de l'Intérieur, immédiatement renvoyé à la disposition du commissaire de l'immigration pour être mis en demeure d'opter entre un engagement régulier de travail ou le rapatriement à bref délai (1).

4° Les arrêtés des 22 juillet 1864 (2) et 26 octobre

1. *Bull. off. de la Réunion*, 1862.

2. Arrêté du 22 juillet 1864, article premier. — A compter de ce jour, la solde de 0 fr. 25 par journée de travail, allouée par l'article 6 du décret du 7 septembre 1854 aux immigrants placés dans les dépôts communaux et employés sur les travaux de la commune, ne sera due qu'aux immigrants dont l'engagement est expiré et qui attendent une occasion de départ.

Art. 2. — Tous autres immigrants placés au dépôt de la commune ne recevront aucune solde. *Bull. off. de la Réunion*, 1864. (Par conséquent, les engagés, qui étaient placés dans les dépôts parce qu'on les avait trouvés en état d'absence, travaillaient sans recevoir aucun salaire.)

1868 fixent la solde des immigrants placés dans les dépôts communaux et la prime à payer aux colons qui auront saisi des engagés déserteurs (1).

2° *Législation actuelle*

La législation de 1887 s'est montrée plus indulgente à l'égard des immigrants. Les idées avaient marché depuis 1852, et on savait que l'Angleterre n'autoriserait à nouveau le recrutement de ses coolies, que s'ils devaient séjourner à la Réunion dans des conditions convenables.

Le décret du 27 août 1887 porte encore l'obligation au livret pour tout immigrant (art. 32) (2) et l'article 35 (al. 1) traite du vagabondage :

1. Arrêté du 26 octobre 1868, article premier. — La prime de 2 fr. 50 à payer pour les déserteurs ordinaires, aux termes de l'article 2 du décret du 31 décembre 1855, sera désormais remboursée à la commune qui en fera l'avance, par dix journées de travail que fournira le déserteur sur les chantiers communaux.

La prime de 10 francs, allouée par l'article 6 du décret du 8 janvier 1859, pour l'arrestation des grands déserteurs dans les forêts, sera remboursée à la commune qui en fait l'avance par trente journées que fournira le déserteur sur les travaux de la commune (*Bull. off. de la Réunion*, 1888).

2. Tout immigrant engagé doit être pourvu d'un livret destiné à recevoir les différentes indications relatives à son contrat d'engagement.

Ce livret contient les numéros de matricule générale et de

Tout immigrant rencontré, un jour ouvrable, en dehors de la propriété à laquelle il est attaché et qui ne justifie pas d'un livret portant la mention du dernier arrêté mensuel dont il est parlé à l'article 33, est présumé en état de désertion et de vagabondage.

Mais il est spécifié, à l'article 34, que :

Dans aucun cas, il n'est fait sur le livret de mention favorable ou défavorable au travailleur.

Nous trouvons aussi, au chapitre VIII, des dispositions relatives à l'absence et à ses effets.

Art. 102. — Tout immigrant engagé qui ne prend pas son travail ou qui l'abandonne après l'avoir commencé, est en état d'absence.

Les articles 103 et 104 déterminent les cas d'absence légale et illégale. En cas d'absence légale, l'engagé perd son droit aux salaires et aux vivres pour chacune de ses journées d'absence. Dans le cas où il s'est absenté illégalement, il perdra non seulement le salaire et les vivres de ses journées d'absence, mais encore il sera mis dans l'obligation,

---

matricule syndicale de l'immigrant, ses noms et surnoms, sa filiation, la date de son introduction dans la colonie, le nom et le domicile de son engagiste, le nom du navire introducteur.

à l'expiration de son contrat, de fournir autant de journées de travail qu'il a eu de jours d'absence.

Le décret du 13 février 1852 ne parlait qu'accidentellement du logement des immigrants. L'article 69 du décret du 27 août 1887 dit que les logements à donner aux immigrants et à leurs familles doivent être « convenablement construits et aménagés au point de vue de la décence et de la salubrité. La convenance de ces logements est constatée par le protecteur ou par les agents placés sous ses ordres ».

Les articles 71 à 75 traitent des rations et des vêtements à fournir aux engagés :

Art. 75. — Dans le cas où la nourriture réglementaire n'est pas fournie aux immigrants d'un atelier, le syndic peut se pourvoir devant le juge de paix qui est autorisé, s'il y a urgence, à ordonner la mise en subsistance provisoire desdits immigrants.

Le mode de paiement des salaires, les retenues à faire, sont indiqués aux articles 77 à 85.

Art. 77. — Chaque journée de salaire est fixée au vingtième du salaire mensuel.

Art. 78. — L'engagé reçoit, à la fin du mois, la totalité du salaire qui lui est dû pour le mois.

Art. 79. — Les syndics doivent assister au paiement des

salaires sur les établissements et exploitations agricoles ou industriels.

L'article 81 stipule que :

Aucune retenue ne peut être opérée sur le salaire des immigrants, sauf dans quelques cas déterminés :

Pour le remboursement des amendes ou frais de justice mis à la charge des engagés et acquittés en leur lieu et place par les engagistes.

D'autres prescriptions relatives aux repos et aux corvées sont contenues dans les articles 87, 88, 89 et 92 :

Art. 87. — La journée de travail due par l'immigrant, sauf conventions différentes, formellement exprimées au contrat, ne peut être de plus de douze heures, y compris un ou deux repos s'élevant ensemble à deux heures et demie.

L'article 88 indique que les jours de repos dus aux immigrants sont les dimanches et les jours de fêtes légales.

Les immigrants peuvent être tenus, les jours de repos, à pourvoir aux soins que nécessitent la propreté des établissements, l'entretien des animaux par des corvées spéciales qui ne doivent pas durer plus de trois heures (art. 89).

Dans certaines circonstances, les engagés sont invités à fournir un travail supplémentaire ; mais jamais plus de trois heures par jour. Ce travail leur est payé en plus de leur journée, et selon un tarif spécial (art. 92).

Nous avons déjà signalé (p. 66) que le décret du 13 février 1852 ne s'occupait pas des soins médicaux que pouvait nécessiter l'état des immigrants au cours de leur engagement. Le décret du 27 août 1887 met les engagistes en demeure de joindre une infirmerie à leur habitation et de justifier d'un abonnement avec un médecin :

Toute habitation, toute exploitation ayant des immigrants doit être pourvue d'une infirmerie convenablement installée et approvisionnée.

Art. 98. — Tout engagiste ayant à son service sur la même propriété vingt immigrants au plus, est tenu de justifier d'un abonnement avec un médecin pour les visites à faire à l'hôpital et les soins à donner aux malades.

Les planteurs ou industriels qui emploient plus de vingt coolies doivent faire aménager un hôpital où sont soignés les travailleurs malades. Ces hôpitaux doivent être établis dans des bâtiments complètement séparés et divisés en deux compartiments suffisamment aérés (art. 95). Il doit y avoir dans chaque hôpital, au moins un infirmier, exclusivement affecté aux soins à donner aux malades (art. 97).

L'article 108 du décret du 27 août 1887 traite de la désertion :

Tout immigrant qui s'absente pendant plus de huit jours et moins de trente jours de chez son engagiste, est réputé en état de désertion.

Les dépôts coloniaux sont réorganisés au chapitre X, dans des conditions meilleures que ceux dont l'établissement avait été prévu par l'arrêté du 7 septembre 1854.

Art. 119. — Les dépôts coloniaux sont divisés en deux quartiers séparés ; le premier, affecté aux hommes et aux enfants du sexe masculin âgés de plus de dix ans, le second, aux femmes et aux enfants âgés de moins de dix ans.

9° Le réengagement des immigrants

Deux solutions sont possibles à l'expiration d'un contrat d'engagement : le réengagement de l'immigrant, ou son rapatriement aux frais de l'introducteur.

Les colonies avaient avantage à garder les travailleurs, surtout quand les engagistes étaient contents de leurs services. Dans ce but, on payait des primes de renonciation au rapatriement, on faisait des concessions gratuites de terres aux engagés arrivés au terme de leur contrat ; on leur donnait même le droit de vote s'ils consentaient à s'établir à demeure.

L'article 9 de la convention franco-anglaise de 1891 disait :

Si l'immigrant consent à contracter un nouvel engagement, il aura droit à une prime et conservera le droit au rapatriement à l'expiration de ce second engagement. S'il justifie d'une conduite régulière et de moyens d'existence, il pourra être admis à résider dans la colonie sans engagement, mais il perdra, dès ce moment, tout droit au rapatriement gratuit.

Il y eut à cela de graves inconvénients. Les individus que l'on fixait ainsi se désintéressaient du travail de la terre pour s'adonner au commerce ; quelques-uns même abandonnaient complètement leurs concessions et devenaient des vagabonds ou des criminels. Aussi, l'article 39 du décret du 29 août 1887 stipula que l'immigrant qui se réengage « peut accepter le remplacement de la prime en argent par des avantages particuliers, *autres que des concessions de terres* ».

Il fallait cependant retenir le plus grand nombre possible de bons travailleurs ; et, pour éviter les inconvénients du séjour libre, on a décidé que ceux des engagés qui voudraient rester dans la colonie devraient passer un nouveau contrat avec un engagiste ; moyennant quoi, ils toucheraient une prime, dite de réengagement.

Le décret du 13 février 1852 avait prévu le paiement de cette prime dans son article 2, alinéa 2 :

L'immigrant aura, pendant l'année qui suivra l'expiration du délai fixé, la faculté d'opter entre la jouissance de ce droit (il s'agit du droit au rapatriement gratuit) et une prime équivalente aux frais de son rapatriement personnel. Cette prime ne sera allouée qu'après justification d'un réengagement ou de l'exercice d'une industrie dans la colonie.

La convention de 1861, article 9, alinéa 1er, portait :

Si l'immigrant consent à contracter un nouvel engagement, il aura droit à une prime.

Actuellement, sous le régime du décret du *27 août 1887* « tout immigrant qui passe un contrat de réengagement a droit à une prime en argent » (art. 39, al. 2).

Cette prime, versée à tout immigrant qui se réengage, est payée par l'introducteur ; elle est égale aux frais que ce dernier aurait dû supporter pour le rapatriement de son ouvrier, s'il avait manifesté le désir de retourner dans son pays.

On a prétendu que la perspective de cette prime que l'on faisait entrevoir à l'immigrant ne le laissait pas entièrement libre de choisir entre le rapatriement et un nouvel engagement, et qu'il suffisait parfois d'une légère pression pour le décider à se réengager.

Un moyen d'obvier à ce danger, c'était de faire payer par le patron au coolie qui se réengageait, une somme au moins égale aux frais de rapatriement. Le paiement de cette prime est d'ailleurs très juste ; car les engagistes en faisant consentir un nouveau contrat à leurs employés économisent la dépense d'un double voyage : d'une part, le rapatriement du travailleur arrivé au terme de son contrat, et, d'autre part, le transport d'un nouvel immigrant destiné à remplacer celui que l'on a renvoyé dans ses foyers.

Le réengagement étant un acte très important pour le coolie, il est utile qu'il soit entouré de toutes les garanties désirables ; il faut avant tout le libre consentement du travailleur et la parfaite régularité du contrat.

Les arrêtés des 10 septembre 1872 et 6 avril 187· avaient prescrit certaines mesures dont nous avons déjà parlé à propos de la protection des immigrants (1).

Le décret du 30 mars 1881 dit (art. 9, al. 2) que les syndics sont chargés de recevoir les contrats d'engagements et de réengagements.

A son tour, le décret du 27 août 1887 ordonne (art. 31) que préalablement à la passation de tout contrat d'engagement ou de réengagement, les parties

1. Avant la passation de tout contrat de travail les parties, engagiste et futur engagé, doivent se présenter devant le syndic du lieu (art. 6, décret 10 septembre 1872).

contractantes se présentent devant le syndic du domicile de l'engagiste (1).

Quand on est assuré que le contrat de réengagement sera passé dans la forme légale et avec le libre consentement de l'immigrant, il faut encore que cet acte énonce de façon claire et précise la durée du nouvel engagement, le droit à l'assistance médicale gratuite, la qualité et le mode de paiement des salaires, le montant de la prime convenue, le droit au rapatriement gratuit, le droit à l'inhumation aux frais de l'engagiste ; qu'il indique le nombre de jours de travail que l'engagé devra fournir chaque mois (2).

Quelquefois, au terme de leur premier contrat, les immigrants ne sont pas capables de fournir le même travail qu'au moment de leur introduction dans la colonie. Pour permettre aux planteurs de les réengager à des conditions point trop onéreuses, l'article 40 du décret du 27 août 1887 décide qu'il peut être apporté dérogation au taux minimum des salaires, mais seulement après autorisation du protecteur des immigrants.

---

1. Mêmes dispositions que le décret du 10 septembre 1872.
2. Arrêté du 10 septembre 1872, article 13. Décret du 27 août 1887, article 31.

10° Le rapatriement gratuit des immigrants

Diverses raisons militent en faveur du rapatriement gratuit des immigrants. D'abord, certains n'auraient jamais consenti à s'engager, s'ils n'avaient eu l'assurance d'être ramenés un jour dans leur pays, sans bourse délier. La religion des Chinois leur fait un devoir d'aller dormir dans la même terre que leurs ancêtres. Les Indiens sont moins attachés à la patrie, mais ils émigrent plus volontiers quand on leur promet de les rapatrier gratuitement.

Il arriverait en outre que si les immigrants n'étaient pas rapatriés gratuitement, quelques-uns ne chercheraient pas à quitter la colonie, soit parce qu'ils ne pourraient pas payer leur voyage, soit parce que, habitués à une nouvelle vie, ils aimeraient mieux ne pas regagner leur pays. En se fixant dans la colonie, sans engagement de travail ou sans moyens d'existence, ils constitueraient un véritable danger. Naturellement paresseux, ils ne chercheraient pas à se procurer une occupation et, par eux, la sécurité serait compromise. Aussi leur accorde-t-on non seulement le droit au rapatriement gratuit, mais on se réserve même la faculté de renvoyer d'office ceux dont la présence est dangereuse pour l'ordre public.

L'article 24 du décret du 11 juin 1849, rendait déjà possible le rapatriement d'office des immigrants :

L'administration aura toujours le droit de rapatrier les engagés aux frais de l'engagiste dans l'intérêt de l'ordre public, même pendant leur engagement.

L'article 86 (al. 3) du décret du 27 août 1887 reprend les dispositions précédentes :

L'administration a toujours la faculté de rapatrier d'office les engagés dans l'intérêt de l'ordre public.

Il faut donc rapatrier gratuitement les immigrants qui ne peuvent pas ou qui ne veulent pas se réengager parce que, au moment de l'enrôlement, la perspective du retour gratuit est le plus sûr moyen de les décider à s'exiler, et aussi parce qu'il ne serait pas juste de faire supporter à de pauvres gens, dont on est allé solliciter les services et qu'on a fait tratravailler pour des salaires infimes, les frais d'un long voyage par mer. Presque tous les pays d'émigration, d'ailleurs, mettent comme condition au recrutement de leurs coolies le droit au rapatriement gratuit.

Devait-on étendre ce droit à tous les immigrants et à leurs familles ? Les diverses législations contiennent à ce sujet des dispositions différentes. L'arrêté du 11 juin 1849 disait, article 24 (al. 1er) :

Les Indiens auront droit à leur rapatriement gratuit aux frais de l'engagiste, à l'expiration de leur engagement.

Il semble donc que le transport du retour devait

être gratuit, sans distinction, pour tous les engagés, mais il n'était pas question de la famille. Le décret du 13 février 1852 était plus explicite pour ce qui était de la famille, mais il se montrait plus sévère à l'égard d'une certaine catégorie d'immigrants.

Art. 2. — Après l'expiration du nombre d'années de travail déterminé, l'immigrant aura droit, *lorsqu'il n'aura encouru aucune condamnation correctionnelle ou criminelle*, au passage de retour.

Par conséquent, les coolies qui avaient été punis de l'amende ou de la prison perdaient leur droit au rapatriement gratuit.

La convention de 1861 donnait à la famille le même droit au rapatriement gratuit qu'à l'engagé ; et on ne distinguait pas entre celui qui avait encouru une peine afflictive et celui dont la conduite avait été irréprochable.

Art. 9 (al. 3). — Le droit de l'immigrant au rapatriement s'étend à sa femme et à ses enfants ayant quitté l'Inde, âgés de moins de dix ans et à ceux qui sont nés dans la colonie.

Le décret du 27 août 1887 consacre définitivement le droit au passage gratuit pour la femme et les enfants. S'ils sont sans engagement, la femme et les enfants sont rapatriés par le dernier engagiste du mari et, s'ils sont engagés, par leur engagiste propre.

Art. 87. — Le droit de l'immigrant au rapatriement gratuit s'étend à sa femme et à ses enfants. La femme et les enfants mineurs sont rapatriés avec le mari ou le père, aux frais de son engagiste, s'ils ne sont pas engagés ; et aux frais de leur engagiste, s'ils sont engagés.

Tous les textes législatifs que nous venons de passer en revue disposent que les immigrants sont rapatriés aux frais de l'engagiste.

C'est donc à l'engagiste à supporter les dépenses d'introduction et de retour de ses immigrants. Il aurait pu se produire qu'à la fin de son contrat, l'immigrant ait manifesté le désir de regagner son pays et que, au jour fixé pour le paiement du passage, l'engagiste, gêné dans ses affaires, eût été dans l'impossibilité de faire face à ces dépenses.

Le coolie aurait dû attendre, pour s'embarquer, une meilleure situation de son employeur.

On a paré à ces difficultés en créant des caisses dites d'immigration. Ces caisses, alimentées par les primes d'introduction et les droits fixes et proportionnels (décret du 13 février 1852, art. 3) payés par les engagistes, sont destinées à couvrir toutes les dépenses du service de l'immigration. Les fonds qu'on y centralise servent à indemniser le personnel, à entretenir le matériel et les bureaux de ce service et à solder les frais de recrutement, de traitement dans les hôpitaux, et de rapatriement des immigrants.

Quand les immigrants vont rentrer dans leur pays, les mêmes précautions sont nécessaires qu'au moment du premier embarquement. On doit s'assurer s'ils sont tous en état de supporter les fatigues du voyage, si quelques-uns d'entre eux n'ont pas à présenter certaines réclamations. Il faut aussi renseigner le capitaine du navire en partance sur la moralité de ses passagers. Il est en même temps indispensable que le vaisseau qui va emmener le convoi offre des garanties de navigabilité et de confort suffisantes.

Ces formalités d'embarquement et de transport des engagés rapatriés sont exposées dans les articles 95 et 97 du décret du 27 août 1887.

Art. 95. — Avant le départ, le protecteur des immigrants ou son délégué, assisté du médecin du navire en partance ou d'un médecin désigné par le chef du service de santé, passe l'inspection des individus composant le con- ., et ajourne le départ de ceux qui ne sont pas en état de supporter le voyage.

Il les interroge sur les réclamations qu'ils pourraient avoir à faire ; il dresse l'état de ceux auxquels il y a lieu de délivrer un secours de route au départ et à l'arrivée ; il constate l'identité des immigrants rapatriés et surveille leur embarquement.

Après l'embarquement, il fait établir la liste des immigrants embarqués en autant d'expéditions qu'il est nécessaire : une de ces expéditions, certifiée par lui, est remise au capitaine du navire pour être annexée au rôle d'équipage. Cette expédition contient toutes les indications utiles relatives aux immigrants et fait connaître, s'il y a lieu, les condamnations encourues par eux et les motifs de ces condamnations.

Art. 97. — Aucun navire affecté au transport des immigrants ne peut être expédié de la colonie, s'il n'est préalablement constaté par le protecteur ou par son délégué que les formalités prescrites par les articles 19, 26, 27 et 32 (1) du décret du 27 mars 1852 ont été remplies.

---

1. Les textes des articles 19 et 26 du décret du 27 mars 1852 ont été cités dans le paragraphe relatif à l'embarquement des immigrants.

CHAPITRE II

L'IMMIGRATION RÉGLEMENTÉE A LA GUADELOUPE

1° HISTORIQUE DU RECRUTEMENT DES IMMIGRANTS

Après la suppression de l'esclavage, les planteurs de la Guadeloupe empruntèrent d'abord à Madère les travailleurs dont ils avaient besoin. Au mois de mars 1854, on amena ainsi 188 Madériens, moyennant un salaire de 1 franc par jour et la promesse qu'on leur donnerait une case et un jardin.

Mais la population de Madère n'était pas assez dense et l'essai ne put être renouvelé à l'expiration du contrat de cinq ans signé par les travailleurs. On traita alors avec le capitaine au long cours Blanc et avec M. Régis pour l'introduction d'engagés indiens et africains.

L'administration locale s'adressa de son côté et directement à la Compagnie Générale Transatlantique, pour l'enrôlement de 2.000 à 3.000 Indiens par an. Les prix payés étaient les mêmes qu'à la Martinique ; la colonie qui supportait une partie des dépenses avait constitué, à cet effet, sa caisse d'immigration d'une manière spéciale.

En 1875, un contrat fut passé par la colonie avec M. Lamouroux, agent d'immigration à Calcutta pour l'introduction de 1350 coolies par an pendant huit années. Mais le contrat ne reçut qu'un commencement d'exécution.

Un convoi de 208 Chinois recrutés à Shangaï avait été également amené à la Guadeloupe en 1859, moyennant un salaire mensuel de 4 piastres avec droit à la nourriture et aux soins médicaux gratuits. Il fut impossible de poursuivre les opérations de recrutement en Chine. Les Célestes sont assurément des travailleurs habiles et courageux, mais le haut prix de leur introduction et de leurs salaires et leur résistance à s'assimiler nos mœurs s'opposaient à ce qu'on fît largement appel à leur concours (1).

En outre, ainsi que l'écrivait en 1878 M. de Montmorand, ministre de France à Pékin :

Les opérations de recrutement en Chine sont extrêmement délicates ; elles amènent souvent de graves complications, elles ont été interdites presque partout dans l'Empire et il est bien rare qu'elles ne méritent pas le surnom de traite des Jaunes. Celui qui l'entreprend fait généralement fortune, mais la nation pour laquelle il opère et à laquelle il

1. Blondel, *Le Régime du travail et la colonisation libre*, *op. cit.*

appartient laisse toujours un peu de son influence et de sa considération en Asie. Pour avoir de bons coolies, il faut s'adresser à une maison chinoise et se résigner à payer cher.

Il valait mieux, dans ces conditions, essayer d'obtenir d'autres travailleurs. Or, en 1888, le gouvernement indo-britannique interdit l'enrôlement sur le territoire indien de travailleurs destinés à nos colonies des Antilles. D'ailleurs, en 1885, le conseil général avait émis le vœu que l'immigration fût suspendue. En 1888, la caisse d'immigration fut supprimé à la Guadeloupe ; le budget local devait pourvoir à toutes les dépenses du service (1).

2° Le recrutement proprement dit. — 3° Le contrat d'engagement. — 4° L'embarquement et le transport des engagés.

(Nous avons donné, au chapitre précédent, quelques indications générales sur le mode de recrutement et de transport des immigrants. Pour la

---

1. En principe, l'immigration réglementée n'est pas supprimée à la Guadeloupe, mais, en fait, on a, comme à la Martinique, abandonné toute idée d'une reprise de l'engagement réglementé. Le Crédit Foncier Colonial a bien introduit, à la fin de 1894, un convoi de 500 Japonais, mais l'essai n'a pas été heureux, et dès 1896, on les a rapatriés.

D'après A. Girault, *Principes de colonisation et de législation coloniale*, t. II, p. 458, édit. 1907.

Guadeloupe et la Martinique, nous prendrons notre étude à l'arrivée du navire portant les immigrants, c'est-à-dire au moment même où commence l'immigration proprement dite.)

5° Arrivée du navire portant les immigrants. Le débarquement

Pour la Guadeloupe, ainsi que pour la Réunion et la Martinique, l'article 32 du décret du 27 mars 1852 traite des formalités à remplir à l'arrivée des navires chargés d'immigrants. Nous avons examiné le texte de cet article à propos de la Réunion.

Divers arrêtés locaux sur le régime des immigrants ont indiqué la manière dont les engagés devaient être reçus et visités à leur arrivée à la Guadeloupe.

1° Un premier arrêté, du 16 novembre 1855, décida (art. 26) que les navires porteurs d'immigrants des pays hors d'Europe ne pourraient mouiller que sur la rade de La Pointe-à-Pitre et qu'ils seraient mis en quarantaine provisoire jusqu'à la décision de l'autorité compétente.

Avant le débarquement, le commissaire de l'immigration, le capitaine du port et deux médecins visiteurs se rendaient à bord pour s'assurer que toutes les dispositions avaient été observées en ce qui concernait les emménagements, les approvisionnements et les mesures d'hygiène.

Les immigrants étaient interrogés individuellement et on recevait leurs réclamations et leurs plaintes quand il y avait lieu (art. 28).

Il fallait encore que les immigrants demeurent sous le régime de l'isolement pendant trois jours au moins après leur débarquement. Chaque jour, les médecins visiteurs s'assuraient de leur état sanitaire. On installait dans les locaux séparés ceux qui paraissaient atteints de maladies contagieuses ; ceux qui, soit par leurs infirmités, soit par leur mauvaise constitution, étaient reconnus impropres aux travaux pour lesquels ils avaient été engagés devaient être rapatriés aux frais des introducteurs (art. 29 et 35) (1).

2° Un second arrêté, du 24 septembre 1859, modifia certaines dispositions relatives à l'immigration.

Les navires porteurs d'immigrants, à moins d'ordre spécial et exceptionnel émané du gouverneur, mouillaient toujours à La Pointe-à-Pitre (art. 9, al. 1er) : les immigrants étaient isolés pendant trois jours au moins et examinés chaque jour par les médecins visiteurs. Mais les colons engagistes trouvaient que les médecins de l'administration se montraient trop rigoureux et éliminaient trop d'immi-

1. *Bull. off. de la Guadeloupe*, année 1855.

grants ; car nous trouvons, à l'article 12 de ce nouvel arrêté, les dispositions suivantes :

Les introducteurs d'immigrants peuvent faire suivre les opérations du commissaire de l'immigration et du médecin visiteur par un mandataire et par un médecin de leur choix (1).

3° Un arrêté du 19 février 1861 dispose, article 18 :

Avant le débarquement, le commissaire de l'immigration, assisté du capitaine du port et d'un médecin visiteur, visite le navire amenant des immigrants. Il s'assure si les mesures d'hygiène, les prescriptions relatives aux approvisionnements ont été prises.

Art. 19. — Les immigrants sont isolés pendant trois jours au moins et visités, chaque jour, par le médecin visiteur, lequel les a fait vacciner s'ils ne l'ont pas été, et prescrit la séquestration de ceux qui sont atteints de maladies contagieuses.

Le décret du 30 juin 1890, dont les dispositions ont été appliquées à la Guadeloupe jusqu'à la suspension de l'immigration réglementée, porte (art. 20 et 21) que les immigrants sont visités à leur arrivée par une commission spéciale. On vérifie leur identité d'après la liste adressée au gouverneur de la colo-

1. *Bull. off de la Guadeloupe*, année 1855.

nie par l'autorité chargée d'assurer ou de contrôler le recrutement.

Les immigrants sont isolés pendant trois jours au moins et la levée de l'isolement doit être prononcée par le directeur de l'Intérieur, sur l'avis du directeur du service de santé de la colonie. Chaque jour, le médecin visiteur les inspecte, indique les soins à donner aux malades et fait vacciner ceux qui ne portent trace ni de variole ni de vaccination.

6° Répartition et immatriculation des engagés valides

a) *Répartition.* — L'arrêté du 16 novembre 1855 prescrit qu'il sera fait, à l'arrivée d'un navire porteur d'immigrants, une sélection parmi les nouveaux arrivants (art. 35). On ne garde dans la colonie que des travailleurs valides, qu'il s'agit de répartir parmi les engagistes. L'article 36 indique à ce sujet :

Les immigrants valides seront partagés en groupes de cinq individus au plus. Le commissaire de l'immigration aura soin de comprendre dans le même groupe les travailleurs appartenant à la même famille ou qui ne pourraient être séparés pour raison de convenance (1).

1. Le décret du 30 juin 1890 reprit les mêmes dispositions : Art. 24. — Aucun mari ne sera séparé de sa femme, aucun

Aux articles 1, 2 et 4 de l'arrêté du 24 septembre 1856 sont exposées les conditions dans lesquelles s'effectuera la répartition des immigrants. On devra tenir compte, dans l'attribution des travailleurs aux engagistes, de l'importance de la propriété sur laquelle les coolies seront employés, des garanties morales et matérielles offertes par les employeurs. Chaque catégorie de travailleurs nécessitera une demande spéciale; les demandes devront préciser à quels travaux on occupera les immigrants et comment ils seront logés et nourris.

Deux arrêtés des 27 janvier 1880 et 21 février 1881 précisèrent cette matière.

L'article premier de l'arrêté du 21 février 1881 dit que les engagistes qui n'offrent pas des garanties de moralité suffisantes devront être exclus de la répartition.

Dès 1881, cependant, on sentait que les règlements en vigueur à la Guadeloupe sur le régime du travail, le mouvement de la population n'étaient plus en harmonie avec les tendances actuelles. Une commission fut constituée pour préparer la refonte de cette législation. En attendant les résultats des travaux de cette commission, le gouverneur, par divers arrêtés, régla le cadre et les attributions du person-

---

père ni aucune mère de ses enfants âgés de moins de quinze ans. Autant que possible, les immigrants seront groupés par familles et par individus ayant le même lieu d'origine.

nel de l'immigration, soumit tous les contrats d'engagement à la perception des droits fixes et proportionnels prévus par le décret du 13 février 1852, et supprima la prime accordée aux coolies en cas de renonciation au rapatriement.

Un acte du 4 mai 1881 prescrivit aux employeurs de tenir un livre-contrôle coté et parafé par le maire, et de pourvoir chacun de leurs immigrants d'un carnet destiné à établir sa situation financière.

Toutefois, il maintenait la prime de réengagement dont le chiffre, fixé d'abord à 150 francs pour un contrat de deux ans, fut ensuite (arrêté du 28 août 1882) proportionnel à la durée des contrats et réduit à 75 francs (arrêté du 29 janvier 1889).

Entre temps, la commission constituée en 1880 et le conseil général, dans ses séances des 27 décembre 1881, 2 et 3 juillet 1885 et 23 décembre 1889, avaient préparé un projet de décret destiné à régler d'une manière plus efficace le service de l'immigration. Il faut noter toutefois que, dans sa séance du 3 juillet 1885, et immédiatement après le vote du projet dont il s'agit, l'assemblée locale avait adopté, à l'unanimité, un vœu tendant à ce que l'administration préparât les bases d'une immigration libre destinée à remplacer l'immigration indienne.

D'autre part, le gouvernement anglais avait suspendu, depuis le commencement de 1889, le recrutement, sur le territoire indien, des travailleurs destinés aux Antilles.

La réglementation du décret du 30 juin 1890 ne devait donc plus offrir d'intérêt que pour les engagés dont les contrats étaient encore en cours en 1890.

b) *L'immatriculation des immigrants sous le régime du décret du 30 juin 1890.* -- Nous trouvons, dans le décret du 30 juin 1890, relativement à l'immatriculation des immigrants, des dispositions analogues à celles du décret du 27 août 1887 pour la Réunion. Il est tenu, au bureau du protecteur des immigrants, un registre spécial, dit Matricule générale sur lequel sont immatriculés tous les immigrants (art. 27).

Dans les dix jours qui suivent l'inscription sur la Matricule générale, le bureau central de l'immigration transmet au syndic du lieu de résidence des immigrants les indications portées à la Matricule générale.

Le syndic transcrit à son tour ces indications avec un numéro d'ordre particulier, sur la matricule syndicale (art. 28).

A la mairie de chaque commune, est tenu un registre spécial d'immatriculation où sont inscrits tous les immigrants résidant dans la commune. Ce registre, où sont mentionnées, au fur et à mesure, les entrées et les sorties, est mis à jour au moyen des indications qui sont fournies par les syndics cantonaux (art. 29).

7° Protection des immigrants

Avant la réorganisation du service de l'immigration par le décret du 30 juin 1890, c'était au commissaire de l'immigration qu'était dévolu le soin de protéger les immigrants.

Les contrats d'engagement ne pouvaient être enregistrés dans aucun cas, sans avoir été préalablement soumis à son visa. Les syndics devaient veiller à ce que les prestations et les salaires dus aux immigrants leur fussent régulièrement payés ou acquittés, dans les termes ou suivant le mode indiqués dans l'acte d'engagement ou déterminés par la loi. — Tout fait d'engagement fictif devait être porté à la connaissance des commissaires de police par les syndics du lieu. Le commissaire de l'immigration pouvait, avec l'autorisation du directeur de l'Intérieur, réclamer d'office, devant les tribunaux, la résiliation des contrats d'engagement, lorsque les conditions légales de salubrité et d'hygiène et celles sous lesquelles l'engagement avait été contracté n'étaient pas observées à l'égard des immigrants (art. 15, 16, 17, 20 et 21 de l'arrêté du 16 novembre 1855) (1).

L'arrêtété du 24 septembre 1859 (2) augmentait le

1. *Bull. off. de la Guadeloupe*, année 1855.
2. *Bull. off. de la Guadeloupe*, année 1859.

nombre des fonctionnaires chargé de protéger les immigrants.

« La protection des immigrants est exercée par les agents spéciaux de l'immigration, commissaire, sous-commissaire et syndics », disait l'article 18. « Ces agents doivent se mettre fréquemment en rapport avec les immigrants, afin de les guider dans l'exercice de leurs droits et de sauvegarder leurs intérêts. Ils doivent intervenir amiablement entre les engagistes et les engagés. Ils surveillent constamment la situation des engagés, ils renseignent l'administration à cet égard et ils provoquent au besoin des instructions. »

L'arrêté du 19 février 1861 traite du patronage et de la protection des immigrants ; il leur accorde le bénéfice de l'assistance judiciaire dans son article 51. Les autres prescriptions sont les mêmes que celles contenues dans l'arrêté du 30 août 1860 pris par le gouverneur de la Réunion.

Un décret du 13 juin 1887 contient les mêmes dispositions que le décret du 27 août 1887, pour la Réunion, antérieurement étudié. Il en est de même du décret du 30 juin 1890 dont le chapitre XI est consacré à la protection des immigrants à la Guadeloupe.

8° Les conditions de séjour et de travail des immigrants

Un certain nombre d'arrêtés des gouverneurs ou de décrets ministériels rendirent applicables à la Guadeloupe les dispositions du décret du 13 février 1852. Nous en indiquerons quelques-uns :

1° L'arrêté du 17 mai 1852 règle les conditions de fonctionnement du livret par application de l'article 12, alinéa 3 du décret du 13 février 1852. Il détermine en outre la forme des livrets et les règles à suivre pour leur délivrance.

2° Un arrêté du 18 mai 1852 règle le mode de conversion des amendes en journées de travail, conformément aux dispositions de l'article 23 du décret du 13 février 1852. Une amende de 0 fr. 70 sera infligée au chômeur pour toute journée d'absence, sauf au cas où il est détenu à l'atelier de discipline. L'amende n'est alors que de 0 fr. 40.

Ce même arrêté indique aussi que les journées de travail dues par l'engagé peuvent être exigées sous forme de tâches spéciales commandées par l'engagiste.

3° Un arrêté du 23 octobre 1852 fixe les droits et obligations résultant des livrets. L'engagé aura droit à toutes les prestations en argent et en nature promises dans le contrat d'engagement ; l'engagiste, de son côté, pourra exiger que son employé fournisse le travail qu'il s'est engagé à donner. Sauf accord entre les parties, l'engagiste ne pourra jamais congédier ses immigrants avant le terme convenu.

4° L'arrêté ministériel du 23 novembre 1852 complète celui du 17 mai de la même année, relativement aux obligations des engagés et des engagistes et à la tenue des livrets. L'engagé doit travailler pour le compte exclusif de l'engagiste et faire constater sur son livret les journées de travail qu'il fournit et les salaires qu'il reçoit. Il doit encore faire visiter périodiquement son livret par l'autorité compétente. L'employeur doit constater régulièrement au livret les salaires acquis par le coolie et lui remettre à son départ le congé d'acquit de ses engagements (1).

5° Un arrêté du 16 novembre 1855 dispose, dans ses articles 1, 2, 3 et 4, que nul ne sera admis à contracter un engagement avec des immigrants, s'il ne peut leur assurer, par sexe et par famille, des logements dont la convenance, au point de vue de la division et de la salubrité, sera constatée par le commissaire de l'immigration. Chaque immigrant devra avoir à sa disposition un lit de camp, une couverture ou une natte et « aura la jouissance d'un banc en bois » (art. 3). A défaut de conventions contraires, la

1. *Bull. off. de la Guadeloupe*, année 1852.

ration quotidienne de chaque immigrant, qui devra être fournie en nature par l'engagiste, ne pourra être au-desous des quantités ci-après :

Viande ou poisson salé...............	225 grammes
Riz décortiqué............................	1 litre
Sel...	20 grammes

Le travail devait durer depuis le lever jusqu'au coucher du soleil, avec deux heures de repos dans l'intervalle (art. 8). Dans le temps de la récolte, trois heures de travail supplémentaire pouvaient être demandées à l'engagé, sans augmentation de salaire (1).

6° Un arrêté du 24 septembre 1859 fixa de nouveau (art. 24 et 25) les rations et les vêtements à donner aux engagés hommes et femmes. Les logements que les engagistes devaient fournir comportaient des lits de camp élevés d'au moins 50 centimètres au-dessus du sol (art. 26). Une infirmerie devait être aménagée dans toute habitation ayant 20 immigrants ; l'engagiste était tenu de justifier d'un abonnement avec un médecin (art. 27). En cas d'invalidité quelconque de l'engagé survenue au cours de son engagement, l'engagiste devait continuer à lui donner le logement, la nourriture et les soins, jusqu'à l'expiration de son engagement (2).

1. *Main-d'œuvre aux colonies*. Bibliothèque coloniale internationale.
2, *Main-d'œuvre aux colonies*. Bibliothèque coloniale internationale.

7° L'arrêté du 19 février 1861 s'occupa du régime des immigrants, dans son chapitre III. Les articles 28 à 33 reproduisaient les prescriptions de l'arrêté du 24 septembre 1859. L'article 33 stipulait que les journées d'absence, pour quelque cause que ce fût, devraient être remplacées par autant de journées supplémentaires. L'engagé habituellement insubordonné pouvait être remis à l'administration qui l'employait soit dans un atelier public, soit dans une habitation domaniale. Il était interdit de laisser plus de vingt-quatre heures dans une maison de police, tout immigrant arrêté en contravention aux règlements sur les passeports (art. 36) (1).

8° Dans le but d'empêcher la désertion des engagés, le gouverneur de la Guadeloupe, par un arrêté du 29 mai 1878 (2) interdit aux capitaines ou patrons de banques de recevoir à leur bord des immigrants non munis d'une autorisation spéciale de leur engagiste.

Le décret du 30 juin 1890 étant identique, dans ses dispositions essentielles, au décret du 27 août 1887, nous renverrons à ce qui a été dit du séjour et du travail des immigrants à la Réunion.

---

1. *Main-d'œuvre aux colonies.*
1. *Bull. off. de la Guadeloupe*, année 1878.

9° Le réengagement des immigrants

L'arrêté du 24 septembre 1859, dont nous avons eu à nous occuper dans les paragraphes précédents, traitait aussi du réengagement des immigrants.

A l'expiration de leur contrat d'engagement, les syndics prévenaient les immigrants de la faculté qui leur était donnée d'opter entre le rapatriement et le réengagement. S'ils consentaient à se réengager, leur déclaration d'option était reçue par le maire de leur commune en présence du syndic, rédigée en double expédition, transmise au directeur de l'Intérieur, après avoir été mentionnée sur le registre matricule de l'immigration.

Une prime était payée aux immigrants qui se réengageaient pour cinq années au moins, et ils conservaient le droit au rapatriement à l'expiration de leur nouveau contrat. Ceux des engagés qui avaient perdu leur droit au rapatriement, par suite de condamnations correctionnelles, touchaient une prime s'ils se réengageaient, mais ne recouvraient pas le droit au rapatriement.

L'arrêté du 19 février 1861 décida que le montant de la prime ne serait plus fixe, mais déterminé par le conseil général et proportionnel au nombre d'années consenties à nouveau. Il fallait cependant que le réengagemet fût d'au moins une année.

Le décret du 30 juin 1890 dispose, comme celui du 27 août 1887 pour la Réunion, que les contrats de réengagement doivent stipuler, d'une façon précise la durée du nouveau contrat, le droit au rapatriement, le nombre de jours de travail par semaine, par mois ou par an et le nombre d'heures de travail que l'engagé devra fournir chaque jour. Les contrats doivent mentionner aussi le droit à l'assistance médicale gratuite, sauf au cas où la maladie de l'engagé sera le résultat de son ivrognerie ou si elle a été contractée en état de désertion ou de vagabondage. La prime convenue, les gages, les rations, les avantages particuliers, le droit à l'inhumation aux frais de l'engagiste seront aussi indiqués (art. 47).

La durée des réengagements est traitée de gré à gré, sans pouvoir excéder cinq ans.

10° Le rapatriement gratuit des immigrants

Aux termes de l'arrêté du 16 novembre 1855 (tit. IV, art. 39), le gouverneur de la Guadeloupe avait le droit de faire rapatrier d'office les immigrants, même au cours de leur engagement, par mesure de salut public et sans indemnité pour leurs engagistes.

A l'expiration de leur contrat primitif, les immigrants qui avaient demandé à être rapatriés devaient continuer à travailler chez leur dernier engagiste jusqu'au jour de leur embarquement.

L'arrêté du 24 septembre 1859 faisait encore une obligation aux coolies de travailler pour leur dernier patron jusqu'au moment de leur départ, sinon de justifier, par un livret, d'un travail habituel pour autrui, chez un particulier ou dans un atelier public.

D'après l'article 70 de l'arrêté du 19 février 1861, les engagés devenus incapables de travailler au cours de leur engagement étaient rapatriés aux frais de leur dernier engagiste, en proportion du temps passé chez lui.

De même qu'à la Réunion, aucun navire affecté au rapatriement des immigrants ne pouvait être expédié de la Guadeloupe, s'il n'avait été constaté par le commissaire de l'immigration que les formalités prescrites par les articles 19, 26, 27 et 32 du décret du 27 mars 1852 avaient été remplies (Arrêtés du 24 septembre 1859, 16 novembre 1855). Sur ce point, le décret du 30 juin 1890 diffère de celui du 27 août 1887 relatif à la Réunion (1). L'article 147 dispose que les formalités prévues par le décret du 27 mars 1852 seront exécutées ; mais le navire qui va partir doit subir la visite d'une commission composée du commissaire de l'inscription maritime,

---

1. Le décret du 27 août 1887 confie uniquement au protecteur des immigrants le soin de visiter le vaisseau en partance.

du chef d'arrondissement de l'immigration, de l'officier de port du lieu de départ, d'un médecin désigné par le chef du service de santé et d'un expert maritime désigné par le président du tribunal. Cette commission est chargée spécialement de contrôler l'application sur le navire des règlements spéciaux à l'immigration.

CHAPITRE III

L'IMMIGRATION RÉGLEMENTÉE A LA MARTINIQUE (1)

1° Historique du recrutement des immigrants

On essaya, à la Martinique, avant d'avoir recours à l'immigration des travailleurs exotiques, d'introduire des Européens. Mais ceux-ci vinrent en trop petit nombre et, d'ailleurs, pas plus que les colons, ils n'étaient aptes aux travaux manuels pénibles.

En 1852, un capitaine au long cours obtint, par décret, le droit de transporter aux Antilles 4.000 travailleurs indiens. Il recevait une prime de 500 francs pour chaque immigrant adulte et de 250 francs par non-adulte.

En 1854, le ministre de la Marine traita avec

1. Nous ne donnerons à notre étude sur la Martinique qu'une étendue restreinte, l'immigration réglementée ayant été remplacée en 1885, dans cette colonie, par le travail libre ; d'autre part, les textes législatifs se rapportant à cette matière étant conçus dans le même esprit que ceux relatifs à la Guadeloupe.

MM. Le Campion et Théroulde pour l'introduction à la Martinique de 10.000 Indiens, à raison de 250 fr. par adulte de 100 francs par non adulte. Ces divers essais n'ayant pas réussi, on s'adressa à la Compagnie Générale Maritime pour le transport de coolies aux Antilles. Un millier d'Indiens furent amenés. Une nouvelle convention passée en 1858 avec la même compagnie, aboutit à l'introduction d'environ 1000 Indiens par an.

Comme tout ceci ne suffisait pas aux besoins de la culture, on essaya de faire venir des Chinois. L'essai fut encore infructueux.

On eut plus de succès sur la côte occidentale d'Afrique où l'on racheta des esclaves à leurs maîtres. On transporta les *noirs* à la Martinique, après leur avoir fait prendre l'engagement de travailler pendant un certain temps au compte des planteurs. Ils avaient la promesse d'être rapatriés, s'ils en manifestaient le désir, à l'expiration de leur contrat.

En cinq ans, une maison de Marseille recruta au Congo et au Loango 9.000 immigrants. Mais la convention conclue avec l'Angleterre en 1861 allait permettre la reprise de l'immigration indienne.

Celle-ci s'effectua par les soins d'agents du gouvernement établis sur les côtes de l'Hindoustan et dans les villes de Calcutta et de Madras.

Ces agents procédèrent au recrutement en allouant aux coolies des avances en argent et en leur faisant passer un contrat d'engagement en présence d'un fonctionnaire britannique chargé de constater leur libre consentement. Les immigrants étaient transportés sur des navires affrétés par l'administration, et répartis à leur arrivée entre les propriétaires par voie de tirage au sort.

Un nouveau contrat fut passé en 1865 avec la Compagnie Transatlantique. On introduisit ainsi à la Martinique, jusqu'en 1884, 26.000 Indiens sur lesquels 4.500 seulement avaient, à la même époque, demandé leur rapatriement.

Après que le Conseil général eût voté, en 1884, la suppression de l'immigration réglementée, aucun nouveau convoi ne fut amené, tandis que les rapatriements ont été assez nombreux depuis cette époque (1).

2° Arrivée du navire portant les immigrants. Le débarquement

Les opérations d'immigration à la Martinique se firent tout d'abord par application des décrets de 1852.

---

1. Nous n'aurons à nous occuper que du fonctionnement de l'immigration réglementée à la Martinique, depuis 1852 jusqu'à 1885 (l'arrêté du 17 janvier consacrant le vœu émis par le conseil général en 1884).

Divers arrêtés locaux réglèrent les détails d'application de ces décrets :

1° Un arrêté du 10 septembre 1855 codifia, en les modifiant, les dispositions des arrêtés antérieurs et devint l'acte fondamental de la législation du travail à la Martinique.

Les traits généraux de cette réglementation consistaient en l'obligation pour quiconque débarquait dans la colonie, de se munir d'un permis de résidence ou de séjour ; l'obligation pour toute personne habitant la colonie ou désireuse d'en sortir de se munir d'un passeport, et pour tout individu travaillant chez autrui de contracter un engagement d'une année au moins ou de se pourvoir d'un livret, et enfin dans la conversion de plein droit en journées de travail effectuées aux ateliers de discipline, des condamnations pécuniaires (amendes ou frais) prononcées par les tribunaux de simple police ou de police correctionnelle (1).

2° L'arrêté du 14 février 1859 sur le régime des immigrants est identique à celui du 24 septembre 1859 pris par le gouverneur de la Guadeloupe (2).

3° L'arrêté du 16 janvier 1861 a été reproduit dans

---

1. *Bull. off. de la Martinique*, année 1855.

2. *Main-d'œuvre aux colonies*. Bibliothèque coloniale internationale.

l'acte du 19 février 1861 relatif à la Guadeloupe (1).

4° Le conseil général ayant voté, en 1884, l'abolition du travail réglementé, l'arrêté du 17 janvier 1885 ne porte que des dispositions relatives au régime des immigrants qui étaient déjà dans la colonie à cette époque ; aucun nouveau convoi d'engagés ne devant être amené après 1885, nous ne trouvons pas, dans l'arrêté du 17 janvier, d'indications sur l'arrivée et le débarquement des immigrants à la Martinique.

3° Répartition et immatriculation des immigrants valides

1° Les dispositions de l'arrêté du 24 septembre 1859 pour la Guadeloupe, étaient les mêmes que celles de l'arrêté du 14 février 1859 pour la Martinique.

2° De même, l'arrêté du 15 janvier 1861 instituant un comité d'immigration composé de cinq membres et chargé de recevoir les demandes de main-d'œuvre présentées par les propriétaires et de procéder à la répartition des travailleurs, est identique à l'arrêté du 19 février 1861 applicable à la Guadeloupe.

3° L'arrêté du 1er juin 1861 fixait le nombre maxi-

1. *Main-d'œuvre aux colonies*. Bibliothèque coloniale internationale.

mum d'immigrants pour lesquels les établissements agricoles ou industriels pouvaient être colloqués dans la répartition des convois à leur arrivée ; on devrait tenir compte de l'importance des exploitations et des garanties matérielles et morales offertes par les engagistes.

4° L'arrêté du 17 janvier 1885 ne parle pas de la répartition des immigrants.

4° Protection des immigrants

L'arrêté du 15 janvier 1861 a été reproduit à la Guadeloupe dans l'acte du 19 février de la même année (1).

L'arrêté du 7 juin 1875 portait création de deux emplois d'inspecteur de l'immigration et prescrivait quelques dispositions complémentaires sur le régime des immigrants à la Martinique. Les inspecteurs de l'immigration étaient nommés par le ministre de la Marine et dépendaient du directeur de l'Intérieur. Ils exerçaient les attributions précédemment dévolues aux syndics cantonaux. Ils étaient tenus de faire un rapport après chacune de leurs tournées, de signaler à la police les immigrants déserteurs. Les inspecteurs avaient même le droit de punir ceux des

1. Voir cet arrêté dans le chapitre sur l'immigration de la Guadeloupe.

engagés dont l'inconduite ou les absences réitérées les mettaient sous le coup des peines prévues par des ordres de service émanant de l'administration.

Comme les fonctions de syndic étaient supprimées, les commissaires de police devenaient, dans les communes, les délégués du syndicat protecteur. Ils assistaient les immigrants dans la passation de leurs actes de réengagement ; ils recevaient les plaintes des travailleurs et les transmettaient à l'administration.

L'article 10 de l'arrêté du 7 juin 1875 indique dans quelles conditions devaient être installées les infirmeries dont l'arrêté du 15 janvier 1861 avait ordonné l'aménagement dans chaque habitation. Un lit devait être disponible par dix engagés, les sexes être séparés ; l'infirmerie devait être suffisamment approvisionnée en médicaments et avoir un matériel de première nécessité.

Les inspecteurs étaient chargés de constater la convenance de l'infirmerie ; et les engagistes qui ne se conformaient pas aux prescriptions indiquées pouvaient être exclus temporairement de la répartition des convois d'immigrants (art. 11).

La plupart des mesures édictées par les actes qui suivirent les décrets de 1852, malgré les adoucissements qu'elles apportaient au régime de l'immigration, ne furent bientôt plus en harmonie avec la situation résultant pour les habitants de la colonie des principes de la nouvelle constitution politique et du changement des mœurs. C'est pourquoi, en 1884, le conseil général de la Martinique émit le vœu suivant :

Le travail réglementé est aboli. L'administration est priée de mettre la législation locale en harmonie avec ce principe de droit commun et de se conformer aux prescriptions de l'article 23 de la convention du 1er juillet 1861 dont le texte est le suivant : « Aucun contrat passé sous le régime actuel ne sera renouvelé. La prime de rengagement est en conséquence supprimée. »

Le gouverneur de la Martinique rendit, le 26 décembre 1884, un arrêté qui rapportait ceux pris antérieurement. Un autre arrêté du 17 décembre 1885 régla la situation des immigrants qui étaient dans les liens d'un contrat d'engagement et à l'égard desquels les décrets de 1852 et de 1861 continuaient à être applicables.

L'arrêté du 17 janvier 1885 confia le service de l'immigration à un bureau de la direction de l'Intérieur, dont le chef recevait le titre de commissaire spécial de l'immigration. Indépendamment des attributions qui lui étaient conférées par les articles 34 et 38 du décret du 27 mars 1852, ce commissaire fut chargé de surveiller l'exécution des contrats d'engagement et de prendre les mesures nécessaires pour assurer le rapatriement des immigrants à l'expiration de leur engagement ou dans toute autre circonstance qui pouvait amener leur départ de la colonie. Le commissaire devait faire des tournées sur les habitations ou confier ce soin à un syndic. Mais il ne pouvait exercer par lui-même aucune action de police administrative ou judiciaire. Il correspondait avec les maires et les commissaires de police, il dirigeait les engagés dans les versements qu'ils faisaient au Trésor des sommes destinées à être envoyées à leur famille (art. 14).

Conformément à l'article 36 du décret du 27 mars 1852, il était établi au chef-lieu, de chaque arrondissement, un syndicat protecteur des immigrants, composé du procuteur de la Républipue, président, d'un avocat ou d'un avoué désigné chaque année par la Cour d'appel et d'un conseiller municipal désigné par le gouverneur (art. 15) (1).

Le syndicat, sur l'avis motivé du commissaire de l'immigration, approuvé par le directeur de l'Intérieur, pouvait poursuivre d'office devant les tribunaux la résiliation des engagements, lorsque les conditions légales de salubrité et d'hygiène et celles sous lesquelles l'engagement avait été contracté n'étaient pas observées à l'égard des immigrants. La demande

1. Les syndicats et les syndics rétablis par l'arrêté du 17 février 1885 avaient été supprimés par l'arrêté antérieur du 7 juin 1875.

en résiliation devait être précédée d'une notification adressée par le commissaire de l'immigration à l'engagiste, pour le mettre en demeure, soit de remplir ses obligations avant l'expiration d'un délai déterminé, soit de céder son contrat (art. 17). C'était également le commissaire qui devait recevoir par l'intermédiaire des syndics, les plaintes ou réclamations des immigrants pouvant donner lieu à une action judiciaire (art. 19). Les immigrants, pendant les cinq premières années de leur séjour dans la colonie, avaient droit à l'assistance judiciaire (art. 20).

Les syndics conciliaient engagés et engagistes et intentaient, quand il y avait lieu, une action devant la justice de paix au nom et comme délégués du syndicat d'arrondissement (art. 25).

L'action du syndicat et des syndics devait cesser de plein droit, en ce qui concernait le patronage des immigrants, quand ceux-ci avait terminé leur engagement (art. 27).

Les syndics pouvaient être délégués par le commissaire de l'immigration à l'effet de visiter les habitations (art. 24).

5° Le séjour et le travail des immigrants

Les dispositions de l'arrêté du 14 février 1859 sont les mêmes que celles de l'arrêté du 24 septembre 1859 promulgué à la Guadeloupe.

L'arrêté du 17 janvier 1885 stipulait que l'engagiste était tenu de fournir aux immigrants, par sexe et par famille, des logements convenables au point de vue de la division et de la salubrité, une installation de couchage et une ration quotidienne suffisantes. Toute exploitation ayant vingt immigrants devait être pourvue d'une infirmerie convenablement aménagée et justifier d'un abonnement avec un médecin (art. 2). Le commisaire de l'immigration était chargé de veiller à l'exécution de ces prescriptions. Dans ce but, il était ordonné aux maires et greffiers des tribunaux de lui donner avis de tous contrats de louage ou de résiliation, des jugements, actes de naissance ou de décès relatifs aux immigrants de leur ressort.

De plus, l'exécution des contrats entre employeurs et employés ne devait comporter ni l'intervention de la force publique, ni la répression devant les tribunaux de police. L'arrêté de 1885 se bornait à prévoir qu'en cas d'insubordination habituelle de l'engagé, il pouvait être remis à l'administration par l'engagiste (art. 9). L'immigrant devait être employé dans un atelier public ou sur une habitation domaniale. On pouvait même, si le travailleur était sous le coup de l'article 37 du décret du 27 mars 1852 (al. 2) (1),

1. L'administration de la colonie aura le droit d'imposer d'office le rapatriement aux frais de la caisse coloniale, aux engagés auxquels elle ne croirait pas devoir faire l'application des dispositions répressives du vagabondage.

le retenir provisoivement par mesure administrative au dépôt des immigrants jusqu'au jour de son départ (art. 10). Mais il n'était, dans cette hypothèse, alloué aucune indemmité à l'engagiste (art. 11).

6° Le réengagement des immigrants

1° L'arrêté du 11 mars 1858 fixait la prime équivalente aux frais de rapatriement des immigrants indiens ayant accompli cinq années de travail dans la colonie et qui se réengagaient (1).

Pour un réengagement de sept ans, la prime devait être de 350 francs dont 150 payables par la caisse de l'immigration et le surplus à la charge de l'engagiste remboursable un tiers immédiatement, les deux annuités égales (article premier).

2° L'arrêté du 11 avril 1861 fixait le montant de la prime due à chaque immigrant qui, à l'expiration de son premier contrat en signait un autre d'un an au moins. Pour un an, la prime était de 40 francs, 150 francs pour trois ans, 250 francs pour cinq ans, 350 francs pour sept ans (2).

3° Un arrêté du 21 décembre 1863 déterminait ce que devaient payer les engagistes pour l'introduction

---

1. *Bull. off. de la Martinique*, années 1858 et 1861. *Archives coloniales*, bibliothèque de l'office colonial.

2. *Idem.*

des immigrants et le renouvellement de leurs contrats.

Art. 5. — La part laissée à la charge de l'engagiste, dans le montant de la prime de réengagement, est fixée à raison de 30 francs pour chaque année de la durée du nouveau contrat et sera intégralement payée au Trésor avant la rédaction de l'acte (1).

4° Jusqu'en 1862, les réengagements ne pouvaient avoir lieu qu'au chef-lieu de la colonie. L'arrêté du 20 avril 1862 décida que les engagés pourraient consentir un nouveau contrat de travail devant le maire et le syndic. On devait énoncer dans l'acte le nom du futur engagiste et les conditions de l'engagement. Mais ce n'était là qu'un acte provisoire et préliminaire qui liait cependant les parties jusqu'au réengagement définitif. Celui-ci était passé par le maire en présence du syndic, sur la production, par l'engagiste, d'une quittance constatant le versement comptant du premier terme à sa charge sur le montant de la prime de réengagement. L'engagiste devait en même temps souscrire l'obligation d'acquitter les annuités complémentaires de la portion de prime à sa charge. Le syndic remettait à l'immigrant un mandat au

1. *Bull. off. de la Martinique*, années 1863 (*Archives coloniales*).

moyen duquel la prime lui était payée par le percepteur de son canton (1).

6° Un arrêté du 8 avril 1867 réduisit à 20 francs, par chaque année de réengagement, la part laissée à la charge de l'engagiste dans le montant de la prime (2).

7° L'arrêté du 26 décembre 1884 rapporta tous les actes antérieurs relatifs au renouvellement des contrats et au paiement de la prime de réengagement.

Les Indiens qui, en 1884, étaient à la Martinique libres d'engagement purent continuer à y louer leurs services dans les conditions déterminées par le Code civil. Ceux qui se trouvaient liés par un engagement continuèrent à bénéficier des garanties que leur accordaient les divers textes législatifs réglementant l'immigration. La colonie dut rapatrier ceux des coolies qui, au terme de leur contrat, voulurent retourner dans leur pays.

7° Le rapatriement des immigrants

L'arrêté du 11 mars 1858 disposait que le droit au rapatriement ou à la prime équivalente se reproduisait pour l'immigrant à l'expiration des nouvelles

1. *Main-d'œuvre aux colonies* (Bibliothèque coloniale internationale).
2. *Bull. off. de la Martinique*, année 1867 (*Archives coloniales*).

années de travail qu'il consentait à fournir en se réengageant.

Aux termes de l'article 29 de l'arrêté du 17 janvier 1885, quand un immigrant était parvenu à la fin de son contrat de travail, le syndic cantonal se faisait représenter son dernier règlement semestriel pour reconnaître, par la supputation des journées fournies, s'il avait droit au rapatriement. Dans ce cas, l'engagé pouvait choisir entre le rapatriement gratuit ou une prime équivalente en argent.

Les actes de renonciation étaient reçus par les maires en présence des syndics, rédigés en double expédition, signés par les immigrants et transmis au directeur de l'Intérieur après mention sur le registre matricule de l'immigration (art. 30) (1).

1. Nous avons négligé, en général, dans ce que nous avons dit sur l'immigration réglementée à la Martinique, de mentionner les décrets de 1852, les dispositions de ces décrets étant applicables à la Martinique comme à la Guadeloupe et à la Réunion.

CHAPITRE IV

CONSÉQUENCES ÉCONOMIQUES ET SOCIALES DE L'IMMIGRATION RÉGLEMENTÉE AUX ANTILLES ET A LA RÉUNION

Quand on se préoccupa d'introduire aux Antilles et à la Réunion des travailleurs importés, on poursuivait un but pratique. La grande culture, source principale de la richesse de nos vieilles colonies, avait reçu de l'émancipation des noirs un coup terrible.

Il est vrai qu'à la Réunion, le gouverneur parvint à prévenir, dès les premiers moments, toute suspension du travail en obtenant des esclaves, qui allaient devenir libres, un engagement de deux années avec tel maître qu'ils voudraient, moyennant salaire librement consenti. Grâce à ces précautions, le travail fut généralement maintenu dans les plantations. Mais, ce temps écoulé, soit que les planteurs n'aient pas renouvelé les efforts qui leur avaient valu deux années de collaboration régulière de la part des affranchis, soit que le goût de l'indépendance ait prédominé chez les nouveaux libres sur le désir du gain, presque tous s'éloignèrent des ateliers, les uns pour se livrer au petit commerce des villes, les autres pour être à leur tour propriétaires. D'autres « s'adonnèrent à cette molle fainéantise que semble conseiller une nature prodigue de soleil, de fruits et de racines au delà des besoins ; ils profitèrent de la tolérance indulgente et prudente des anciens maîtres pour dresser leur « ajoupa » couvert de feuilles dans quelque coin écarté de la propriété, d'où ils grapillaient dans les champs voisins au gré de leur fantaisie vagabonde comme lorsqu'ils appartenaient à la maison » (1). Sur 60.000 esclaves environ affranchis en 1848, on n'estime pas à plus d'un quart ceux qui demeurèrent attachés à quelque habitation. La situation menaçait d'avoir des conséquences très fâcheuses ; l'emploi de l'immigration s'imposait.

On a dit que les résultats économiques de l'immigration avaient été funestes, et que la facilité avec laquelle on recrutait des Indiens avait été en partie cause de l'abandon définitif des habitations par les anciens esclaves. On a prétendu qu'à la Réunion il eût été possible aux planteurs de prolonger les engagements avec les affranchis, mais qu'ils aimèrent mieux se procurer des Indiens. L'immigration aurait encore détourné les colons des améliorations néces-

1. Jules Duval, *Les Colonies et la politique coloniale de la France.*

saires de leurs procédés de culture (1). S'ils avaient mieux utilisé le nombre de bras existant, ils auraient multiplié considérablement les quantités produites et leurs revenus.

Il y a peut-être beaucoup de vérité dans ces critiques.

Sous le régime de l'esclavage, l'agriculture était dans un état presque sauvage à la Martinique, écrivait M. Garnier, employé à la direction de l'Intérieur. On est surpris, ajoutait-il, de voir des centaines d'esclaves, des troupeaux de mulets et de bœufs qui cultivent quelquefois moins de cinquante hectares et font valoir un domaine que cultiveraient en France quelques valets de ferme et une demi-douzaine de chevaux.

Les mêmes abus se produisirent après l'esclavage, grâce à l'immigration qui avait rassuré les planteurs.

On me demande partout des bras, s'écriait en 1858 M. Darricau, le gouverneur de la Réunion, et partout je ne vois qu'abus de bras.

Aux Antilles anglaises, la situation était, paraît-il, la même. Le gouverneur, lord Elgin, disait de l'immigration :

---

1. P. Leroy-Beaulieu, *De la Colonisation chez les peuples modernes, op. cit.*

C'est un moyen de ne pas admettre les perfectionnements commandés par l'expérience (1).

On a dit encore que l'immigration avait imposé aux colonies des sacrifices considérables, supérieurs aux bénéfices procurés ; qu'elle les avait obligées à des importations coûteuses de denrées alimentaires spéciales, et que ces sacrifices avaient profité non pas à la colonie tout entière, mais aux grands propriétaires seulement.

Les dépenses d'immigration s'élevaient annuellement à la Martinique à 304.050 francs, qui se répartissaient ainsi :

Recrutement et entretien des Indiens.	55.000 fr.
Frais d'hospitalisation...	60.000 fr.
Frais d'entretien au dépôt colonial et entretien de ce dépôt............	45.000 fr.
Entretien des Indiens dans les prisons.	22.800 fr.
Frais du service de protection..	43.000 fr.
Rapatriement......................	50 000 fr.
Frais de justice....................	28.250 fr. (2)

Les impôts fonciers payés par les grands propriétaires, de 1854, époque où l'immigration commença

1. P. Leroy-Beaulieu, *op. cit.*
2. Lacascade, *Esclavage et immigration. La Question de main-d'œuvre aux Antilles*. Thèse Paris, 1907.

à fonctionner à la Martinique, jusqu'en 1880, ont atteint 15.584.401 fr. 05. Mais les principaux contribuables de l'île ont bénéficié de dégrèvements considérables, soit parce que la colonie a remboursé à la caisse d'immigration des sommes dues par des engagistes insolvables (1.617.893 fr.), soit parce qu'elle a payé certaines dépenses qui, en réalité, n'étaient pas à sa charge. De sorte que ces dégrèvements se sont élevés à 10.245.317 francs et que les grands propriétaires n'ont déboursé que les 5 millions et demi restant. D'autre part, le montant des contributions foncières, mobilières et personnelles payées par les possédants, se serait élevé à 13.690.550 francs sans qu'il y ait eu pour ceux-ci aucune espèce de détaxe (1).

On aimait mieux les immigrants exotiques que les ouvriers indigènes a-t-on ajouté, parce que les coolies louaient leurs services à meilleur compte que les créoles.

Évalué en argent, le salaire journalier du créole variait entre 1 franc et 1 fr. 50, tandis que l'immigrant ne demandait que 0 fr. 50 pour sa journée. Il semble donc que le coolie coûtait moins cher que l'indigène.

Ceci ne serait vrai qu'en apparence selon certains, car la question du prix de la main-d'œuvre exotique

1. Selon Lacascade.

est complexe. Il faut, en effet, opposer au salaire du créole le prix de revient de l'immigrant : frais d'introduction, d'hospitalisation en cas de maladie, de rapatriement, de réengagement, de salaire journalier. De sorte que, si les engagistes avaient rempli strictement leurs obligations, l'emploi des coolies aurait été plus onéreux que celui des créoles.

Quelles étaient donc les véritables raisons qui faisaient préférer les Indiens ou les Chinois aux indigènes ? Tandis que l'indigène était libre et ne consentait à travailler que quatre à six heures par jour, le coolie était prisonnier d'un contrat et devait besogner du lever au coucher du soleil. De plus, l'employeur avait, pour le contraindre, des armes puissantes : l'amende et la prison.

Aux Antilles, paraît-il, l'immigration avait engendré une concurrence de bras dont les effets se faisaient sentir sur la main-d'œuvre tout entière. A la Martinique, en particulier, où on trouve beaucoup de mulâtres valides et capables de travailler, bien qu'on n'y occupât qu'un nombre restreint de coolies (17.000 en 1870, ce qui est peu, en comparaison des 75.000 employés aux cultures en 1848), l'immigration viciait sur le marché la valeur du travail agricole. Normalement, le cours du travail aurait dû résulter de la moyenne proportionnelle entre la somme des demandes et celle des offres. Les choses n'allaient pas ainsi à cause de la surabondance des bras et de la modicité apparente de la main-d'œuvre exotique.

Cependant que l'élément indigène végétait, l'élément étranger se multipliait, et la facilité avec laquelle on recrutait les coolies permettait aux planteurs d'imposer leurs conditions aux créoles. « Le fonctionnement de l'immigration était une spéculation sur le travail créole (1). »

En 1880, le rapporteur de la commission financière au conseil général constatait qu'on avait fait venir trop d'Indiens à la Martinique :

Quand il n'y a pas de travail pour tout le monde, disait-il, introduire à grands frais de nouveaux travailleurs est dangereux. L'immigration est l'organisation du travail étranger à la Martinique. Le créole est la victime de l'immigration. L'Indien, en effet, dont le salaire est fixé par décret ne supporte rien en cas de crise, tandis qu'elle retombe sur le seul travailleur indigène. Le travail de l'immigrant est plus coûteux que celui du créole. Au premier, du travail tous les jours et même, en cas de chômage, un salaire assuré, la nourriture, les vêtements, les soins médicaux. Au créole, le travail par hasard, quand il en reste pour lui ; et, quand il n'y a rien à faire, ni salaire, ni entretien (2).

Toujours à la Martinique, on a reproché aux organisateurs de l'immigration d'avoir voulu arrêter

1. Lacascade, *op. cit.*
2. Selon Dorvault, *op. cit.*

le mouvement d'indépendance qui se produisait dans la population nouvellement libre. A l'affranchissement par la loi, les anciens esclaves allaient ajouter l'affranchissement par le travail ; ils allaient eux aussi devenir propriétaires. Aussi, les planteurs redoutant que les cultivateurs n'abandonnassent complètement les travaux de la grande culture, s'ingénièrent à faire venir des immigrants afin d'empêcher la complète émancipation de leurs esclaves (1).

Cette critique serait juste si les colons avaient refusé d'occuper les affranchis. Ce qui est plus vrai, c'est que ceux-ci ne consentaient que difficilement à travailler chez leurs anciens maîtres. Il fallait donc que l'on fît venir de l'étranger la main-d'œuvre nécessaire à l'exploitation des grandes propriétés.

Si la présence des Chinois ou des Indiens a eu pour résultat d'empêcher les indigènes d'imposer leurs conditions aux propriétaires, la faute en est en partie aux noirs eux-mêmes qui, après l'émancipation, refusèrent de s'employer aux travaux des champs pour des raisons souvent ridicules. Au surplus, un régime de liberté ne se peut concevoir,

---

1. A la Martinique, la propriété est morcelée. Beaucoup de petits propriétaires n'arrivent à vivre sur leur fonds qu'en louant leurs services aux colons riches, une journée ou deux par semaine. Les priver de ce moyen d'arrondir leur revenu, en faisant venir des immigrants, c'était, selon eux, les empêcher de s'affranchir entièrement.

aussi bien aux colonies que partout ailleurs, sans la possibilité de la concurrence. Nous voyons très souvent en France des patrons appeler des ouvriers étrangers plus souples ou moins exigeants, malgré les protestations des travailleurs locaux.

On prétend encore que l'emploi des Indiens aux Antilles n'offrait pas que des avantages pour les colons. Il arrivait parmi les immigrants environ 30 o/o de non-valeurs pour qui on avait dû faire des dépenses d'enrôlement et de transport et qui devenaient une charge pour la colonie si on ne voulait pas les rapatrier à peine débarqués. Parmi ceux qui étaient valides et qui pouvaient fournir un travail utile, beaucoup fuyaient les habitations où ils avaient souffert. Ils se faisaient « marrons » non sans avoir au préalable incendié les champs de cannes de leurs engagistes. D'autres devenaient voleurs de grands chemins.

Assurément, l'immigration, comme toute institution, porte en elle ses inconvénients. Cependant, toutes les critiques que l'on a faites de ses conséquences économiques, ne nous paraissent pas fondées, et il serait injuste de n'en voir que le mauvais côté.

Que seraient devenues nos vieilles colonies, si au lendemain des décrets d'émancipation, les planteurs n'avaient été autorisés à engager des ouvriers exotiques ? Peut-être les gros propriétaires ont-ils bénéficié plus que tous autres de l'immigration. Mais sans les coolies indiens ou chinois, c'était la ruine de la Réunion, des Antilles aussi, la ruine inévitable. L'État, agissant en dehors de toute considération politique, avait pour devoir d'empêcher la catastrophe. L'indigène se refusait à travailler ; on devait autoriser l'engagement réglementé. On a abusé de la facilité avec laquelle on se procurait la main-d'œuvre aux premiers jours de l'immigration. Il n'en est pas moins vrai que la Réunion, où l'immigration a pris le plus grand développement, avait reçu au 31 décembre 1882, 124.194 immigrants, dont 86.905 Indiens, 35.188 Africains et 2.101 Chinois.

A la même époque, il était arrivé à la Martinique 24.854 Indiens qui, joints aux 10.521 Africains introduits avant 1859 et à 1.000 Chinois annexés de 1857 à 1862, donnent un chiffre de 36.106 immigrants. A la fin de 1886, on avait reçu à la Guadeloupe 50.000 immigrants dont 42.600 Indiens, 6.600 Africains, 500 Annamites et près de 300 Chinois.

Voilà donc plus de 200.000 travailleurs qui sont venus mettre leurs bras à la disposition de nos planteurs. Est-il résulté quelques avantages de cet appoint considérable ?

De toutes nos vieilles colonies, c'est incontestablement la Réunion qui a toujours le plus souffert du manque de bras. C'est d'ailleurs en sa faveur que les plus grands efforts ont été faits pour trouver les travailleurs nécessaires à ses vastes champs de cannes qui occupaient, en 1848, 60.000 esclaves.

La Réunion est un pays de grandes propriétés. La partie centrale est presque entièrement déserte. « Elle n'est guère habitée que sur une zone étroite du pourtour où les villages se succèdent en colliers (1). » Ce sont seulement quelques « ilettes » des hautes vallées qui ont pu échapper aux grands propriétaires. Aussi la main-d'œuvre étrangère a-t-elle été, et est-elle encore, plus que partout, indispensable aux grandes exploitations.

Si l'on compare les quantités de sucre produites avant et après l'émancipation, on constate un accroissement remarquable :

De 1845 à 1849, la production moyenne annuelle était de : 22.460.087 kilogrammes.

En 1850 à 1849, la production moyenne annuelle était de : 21.362.753 kilogrammes.

En 1851 à 1849, la production moyenne annuelle était de : 23.749.649 kilogrammes.

En 1852 à 1849, la production moyenne annuelle était de : 29.494.996 kilogrammes.

Et en 1862, avec 72.954 immigrants : 61.564.111 kilogrammes (2).

---

1. Elisée Reclus, selon Dorvault, *La Question de la main-d'œuvre aux colonies, op. cit.*
2. Selon Dorvault.

Mêmes progrès au point de vue du commerce général. En 1842-1844, années les plus prospères, le trafic général était de 35.436.548 francs. En 1860, il s'élevait à 90.162.269 francs. En quinze ans, la Réunion, sous l'effet de l'immigration, avait presque triplé son chiffre d'affaires.

A la Guadeloupe, des dépenses importantes ont été faites pour l'enrôlement de travailleurs étrangers. Le budget de 1854 comportait une somme de 138.521 francs devant servir à constituer un fonds spécial à l'immigration. Pour les années 1854 et 1855, l'État avait accordé 380.000 francs. Il semble bien, si l'on s'en rapporte au tableau suivant où sont comparées les productions de sucre des années 1847 à 1882, que ces dépenses n'ont pas été vaines.

Années	Immigrants introduits	Production du sucre	
1847	—	37.894.578	
1854	188	23.558.296	
1855	—	22.157.871	
1856	1.029	22.505.814	
1858	3.471	28.294.404	
1862	1.259	31.312.709	
1864	636	15.905.985	Sécheresse
1866	1.235	33.941.991	
1874	1.158	34.854.452	
1876	1.279	35.469.703	
1880	2.568	41.322.107	
1882	1.074	57.581.179	

On a à peu près cessé toute introduction d'immigrants à la Guadeloupe depuis 1890 : la production du sucre a diminué. Tandis qu'on avait 57.581.179 kg. de sucre en 1882, nous n'en trouvons plus en 1898 que 39.635.662 kilogrammes. On objectera peut-être que la diminution de la production du sucre est due à d'autres causes qu'au mauvais fonctionnement de l'immigration depuis 1890. Il n'en reste pas moins que de 1855 à 1882, période antérieure à la crise sucrière et pendant laquelle l'immigration a bien fonctionné, nous voyons s'accroître chaque année les quantités produites.

En 1860, il n'y avait à la Guadeloupe que 26.473 hectares de terre en culture. En 1870, on en cultivait 31.764 ; en 1880, 39.441. Ici encore, la main-d'œuvre exotique avait été de quelque utilité. Sans doute, pour ce qui est du café, la production n'a pas cessé de progresser de 1890 à 1898 (510.000 kilos produits en 1890, 824.133 en 1897, 833.519 en 1898) (1). Bien qu'on n'ait amené à la Guadeloupe pendant ces huit années qu'un seul convoi d'immigrants (2) et que le nombre de ceux qui ont demandé leur rapatriement ait été assez élevé, on ne saurait

---

1. C. Guy, *La Mise en valeur de notre domaine colonial* (1885).

2. Cinq cents Japonais introduits en 1894 et qui ont été rapatriés en 1896.

nier toutefois que, si la production du sucre a pu se maintenir, aller même en augmentant pendant de longues années, c'est grâce à l'immigration.

L'immigration a été un mal, mais un mal nécessaire, aux Antilles comme à la Réunion. Voici d'ailleurs ce que disait en 1871, au conseil général de la Guadeloupe le rapporteur de la commission d'immigration :

Votre commission s'est demandé si l'introduction, dans la colonie, de travailleurs étrangers avait répondu au but qu'elle s'était proposé, si l'immigration, en un mot, avait arrêté la ruine qui nous menaçait ?

Quelle était la situation de la Guadeloupe lorsque ses représentants demandèrent, il y a dix-huit ans, l'importation à bref délai de 10.000 immigrants pour faire face aux premiers besoins de l'agriculture ? A cette époque, la production s'élevait à 45.000 barriques pour 500 sucreries, c'était pour chaque habitation 45.000 kilogrammes de sucre, c'est-à-dire la perte assurée, en fin d'année, non seulement de l'intérêt du capital engagé, mais encore d'une partie de ce capital, perte qui, d'après les statistiques, atteignait 3.500.000 francs.

Ce qui n'était qu'une expérience en 1854 est aujourd'hui une réalité indiscutable. Nos devanciers disaient : l'immigration a sauvé le pays. Pour la commission, l'immigration s'impose comme une question de vie ou de mort.

En 1872, le rapporteur de la même commission ajoutait :

La nécessité de l'immigration est chaque jour plus nettement démontrée. Chaque jour, en effet, la tendance des cultivateurs indigènes à se retirer des grandes exploitations agricoles devient plus manifeste. Dans ce pays où la vie est si facile, le climat si doux, le travailleur laborieux et économe arrive vite à se créer un pécule. Il songe alors à devenir propriétaire et c'est ainsi que depuis assez longtemps déjà, la propriété se morcelle à la Guadeloupe. Si vous ne pouvez qu'applaudir à une transformation économique d'un si heureux augure pour l'avenir de la colonie, vous vous efforcerez de prévenir les conséquences fâcheuses qu'elle aurait pour la grande propriété. Vous les préviendrez en recourant à l'immigration aussi longtemps que les bras feront défaut à notre agriculture.

A la Martinique, où les récriminations ont été particulièrement grandes contre l'immigration, on entendait en 1880 le rapporteur de la commission d'immigration au conseil général parler de l'engagement réglementé en termes élogieux :

L'immigration a été sans contredit l'institution la plus utile pour le pays, disait-il. Nous manquions de bras, les colonies marchaient, on peut le dire, à une ruine certaine, inévitable. L'immigration est venue nous arrêter sur le bord de l'abîme.

De même qu'à la Guadeloupe, la production du sucre a été surtout élevée pendant les périodes où le recrutement des coolies s'est fait le plus facilement. On en jugera par le tableau suivant :

En 1830................	30.000 tonnes
1840................	35.000 —
1850................	15.000 —
1860................	33.000 —
1880................	50.000 —
1885................	30.000 —
1890................	20.000 — (1)

Si les exploitations se sont abaissées vers 1850, c'est que l'émancipation des noirs apporta une perturbation profonde dans les conditions de l'agriculture. Mais nous constatons que de 1860 à 1880, époque où l'immigration fut florissante, la production n'a cessé de suivre une marche ascendante et a presque doublé en vingt ans.

Pour ce qui est de la mise en valeur du sol, l'évolution a été plus lente malgré l'immigration. Cepen-

---

1. Les quantités citées doivent s'entendre en tonnes de sucre brut. Il faut aussi noter que c'est surtout par le moyen d'ateliers permanents d'immigrants que les grands propriétaires entretenaient la culture. Les mulâtres ayant une aversion très marquée pour le travail de la terre s'emploient de préférence dans les usines.

dant, les progrès réalisés sont dus à la main-d'œuvre exotique.

32.111	hectares en culture		en 1860
33.082	—	—	en 1870
34.514	—	—	en 1880

En ce qui concerne le commerce général, l'immigration semble avoir donné aussi d'excellents résultats. En 1861, 52.013.861 francs à la Guadeloupe, et à la Martinique 54.997.307 francs, alors que la moyenne du mouvement des cinq années qui précédèrent l'abolition de l'esclavage pendant lesquelles la prospérité commerciale de nos vieilles colonies fut à son apogée n'avait été que de 39.228.961 francs pour la Guadeloupe et de 39.214.315 francs pour la Martinique.

Il semble donc qu'on ait exagéré les mauvais effets de l'immigration au point de vue économique. Au point de vue social, on est unanime à reconnaitre qu'elle est une très mauvaise institution.

Si les plantations, au lieu d'être livrées à des mains étrangères avaient été confiées aux races sédentaires, les gens du pays auraient formé peu à peu la classe moyenne des chefs de travaux, des fermiers, des métayers, qui auraient établi des liens entre les planteurs et les noirs. Il n'y fallait pas songer avec des coolies presque tous animés de l'esprit de retour. L'immigration a été cause de la désunion qui a toujours existé entre l'aristocratie et le peuple. Et elle n'a pas été seulement un facteur de discorde, Quand elle porte sur des Chinois ou des Indiens, l'immigration a des résultats déplorables.

Ces hommes, appartenant non pas à des sociétés primitives dont les membres sont prêts à se fondre par un sentiment naturel dans les sociétés plus avancées, conservent toutes leurs habitudes anti-européennes. Ils apportent aux colonies leurs mœurs et leurs vices et sont un élément de corruption. A la Réunion, au temps de l'esclavage, la proportion des crimes était de 1 sur 300 esclaves ; depuis, elle est de 1 sur 60 Indiens, 1 sur 13 Chinois. Aux Antilles, les Indiens étaient des habitués des tribunaux répressifs. Du 1er janvier 1870 au 31 décembre 1884, 7.296 avaient été condamnés à des peines diverses, travaux forcés à temps, réclusion, emprisonnement, dont la totalité représentait un chiffre de trois mille sept cent cinquante années. De 1875 à 1880, sur 10.918 condamnés, 2.888 étaient des Indiens (1). Les hospices en soignaient une moyenne de 124 par jour ; et, durant toute une année, il n'y eut que 76 réengagements.

Tout cela prouve bien qu'il est nécessaire de supprimer l'immigration.

Mais ce n'est pas seulement parce que, au point

---

1. Statistique établie par l'inspecteur des pénitenciers.

de vue social, elle a des conséquences mauvaises, que nous voudrions la voir disparaître.

Nous nous séparons de ceux qui, à la Martinique, ont aboli l'engagement réglementé parce qu'ils prétendaient qu'il entraînait une surabondance de bras redoutable pour la main-d'œuvre indigène et qu'il était inutile.

Nous reconnaissons, au contraire, que l'immigration a rendu des services appréciables à une catégorie de colons.

Nous voudrions la suppression de l'immigration réglementée partout où elle fonctionne encore, parce que nous estimons qu'on n'a pas le droit de mettre hors la loi, de traiter comme des parias, des malheureux amenés dans les colonies pour y travailler, parce que les coolies sont des hommes liés par un contrat, non des condamnés subissant une peine, et qu'on doit respecter en eux la personnalité humaine.

Est-il bien vrai que si les immigrants avaient été considérés comme des hommes libres, si on avait vu en eux autre chose que des machines à produire, on aurait eu à constater dans leurs milieux un aussi grand nombre de crimes? On a eu pour eux moins d'égards que pour les esclaves. On serait mal venu à leur reprocher leurs travers.

Dans nos sociétés modernes, ouvriers et patrons ont droit à une égale considération, le salaire n'est plus un bienfait, mais la rémunération d'un service. Pourquoi la France conserve-t-elle une institution qui est, dans son organisation, la négation même de ces principes, et une honte pour un grand peuple?

DIFFÉRENTES RACES D'IMMIGRANTS

EMPLOYÉES DANS LES VIEILLES COLONIES FRANÇAISES

Avant de terminer cette étude, il nous a paru nécessaire de donner quelques indications sur les différentes espèces d'immigrants auxquelles nos vieilles colonies ont fait appel.

Les Africains, employés à la Réunion, sont d'excellents travailleurs. Les Cafres, en particulier, sont très robustes. Mais on a vu par expérience que, livrés à eux-mêmes, les nègres ne rendent pas les services qu'on pourrait attendre d'eux. Ils ont en outre une tendance à se mêler à la population indigène et par suite à abandonner les ateliers agricoles pour s'employer dans les villes ou travailler librement.

Les Malgaches sont cultivateurs pour la plupart. Mais ils sont tous très épris d'indépendance et ne sauraient s'astreindre à un travail régulier et suivi. Aussi les rencontre-t-on peu dans les exploitations agricoles.

Les Chinois émigrent volontiers et sont très résistants à la fatigue. Ils sont sobres et ingénieux. Cependant, ils préfèrent le commerce à l'agriculture. A la Réunion, à quelque classe qu'ils appartiennent, ils sont presque tous commerçants. A Saint-Denis, la colonie chinoise est pour ainsi dire maîtresse du petit commerce. Ces tendances à l'accaparement les font redouter et on voudrait, pour ces raisons, qu'ils fussent écartés.

Les Indiens n'ont pas la force musculaire des nègres d'Afrique, ils résistent bien moins à la fatigue, mais ils suppléent à la force physique par l'adresse et arrivent à fournir dans les travaux agricoles de fortes tâches. On leur reproche pourtant d'avoir beaucoup de vices et de se mettre trop souvent en état d'absence irrégulière ou de vagabondage. Comme les Chinois, ils ont un goût très marqué pour la spéculation ; leur habileté les fait rechercher comme domestiques plutôt que pour les besognes pénibles de la grande culture.

CONCLUSION

Au cours de cet essai, il nous a fallu accumuler les textes. Malgré l'enchevêtrement de leurs dispositions, nous leur avons fait une large place parce que nous les trouvions plus éloquents que nous-même.

Nous regrettons de n'avoir pu étudier sur les lieux les différents modes de travail employés aux colonies.

Cependant, les recherches que nous avons faites dans les *Bulletins officiels de la Réunion*, *de la Guadeloupe et de la Martinique* et dans les ouvrages qui nous ont paru donner sur notre matière des renseignements utiles, nous permettent d'affirmer que, si l'immigration réglementée a été nécessaire à un certain moment, elle ne saurait être considérée comme une solution normale de la question de la main-d'œuvre. Elle grève les colons de charges très lourdes pour l'enrôlement et le transport des engagés ; elle autorise l'immixtion continuelle de l'administration dans l'économie rurale ; elle donne lieu à de nombreux abus au moment du recrutement des travailleurs. A ceci, on a essayé de porter remède en surveillant les opérations d'embauchage des coolies. Des conventions internationales ont été conclues.

Malgré tout, on n'arrivera jamais à obtenir que les travailleurs s'engagent en pleine connaissance de cause.

Pourra-t-on empêcher aussi que les engagistes se montrent trop exigeants vis-à-vis de leurs employés? Les exploitations agricoles, les usines, sont presque toujours isolées ; de sorte que, pour surveiller efficacement patrons et ouvriers, il faudrait autant de fonctionnaires qu'il y a de propriétaires ou de chefs d'industrie.

En France, quelques inspecteurs arrivent à faire observer les lois sur le travail dans une région tout entière. On ne saurait comparer la condition des ouvriers français à celle des coolies.

Et même, au cas où un service spécial de surveillance mieux organisé que celui des syndicats serait créé, pourrait-on compter sur l'entière indépendance des agents.

Mieux vaudrait, partout où la main-d'œuvre locale est satisfaisante, offrir aux travailleurs du pays des salaires convenables et supprimer l'immigration réglementée.

Nous avons l'assurance qu'on pourrait cesser d'introduire à la Réunion des ouvriers exotiques liés par un contrat d'engagement aussi facilement qu'on a pu le faire aux Antilles.

Vu : le Président de la thèse :
PERREAU

Vu : le Doyen.
P. CAUWÈS

Vu et permis d'imprimer :
Le Vice-Recteur de l'Académie de Paris,
LIARD

ANNEXES

Arrêté du 16 novembre 1855 sur le régime des immigrants à la Guadeloupe

Chapitre premier

De l'Entretien et du travail des immigrants.

Article premier. — Nul ne sera admis à contracter un engagement avec des immigrants, s'il ne peut leur assurer, par sexe et par famille, des logements dont la convenance, au point de vue de la division et de la salubrité, sera constatée par le commissaire de l'immigration.

Art. 2. — Le plancher ou le pavé des cases qui seront construites à dater de la publication du présent arrêté, pour logement des immigrants, devra être élevé de 35 centimètres au moins au-dessus du sol environnant.

Art. 3. — Chaque immigrant sera couché sur un lit de camp revêtu d'une couverture ou d'une natte, et aura la jouissance d'un banc en bois.

Art. 4. — A défaut de conventions contraires, la ration

quotidienne de chaque immigrant, qui devra être fournie en nature par l'engagiste, ne pourra être au-dessous des quantités ci-après :

Viande ou poisson salé.....	225 grammes
Riz décortiqué............	1 litre
Sel......................	20 grammes

Art. 8. — Le travail doit durer depuis le lever jusqu'au coucher du soleil avec deux heures de repos dans l'intervalle. Dans le temps de la récolte, trois heures de travail supplémentaire peuvent être demandées à l'engagé sans augmentation de salaire.

Des fonctions du commissaire spécial et des syndics

Art. 15. — Le registre sur lequel les immigrants doivent être inscrits à leur arrivée dans la colonie sera tenu par le commissaire spécial de l'immigration.

Art. 16. — Les contrats d'engagement ou les cessions de contrat ne pourront être enregistrés dans aucun cas, s'ils n'ont été préalablement soumis au visa du commissaire spécial.

Art. 17. — Les syndics veilleront à ce que les prestations et les salaires dus aux immigrants leur soient régulièrement fournis, ou soient acquittés dans les termes ou suivant la mode indiqué dans l'acte d'engagement ou déterminé par la loi.

Art. 20. — Si des faits d'engagements fictifs arrivent à la

connaissance des syndics, ils devront en donner immédiatement avis au commissaire de police.

Art. 22. — Le commissaire de l'immigration pourra, avec l'autorisation du directeur de l'Intérieur, réclamer d'office, devant les tribunaux, la résiliation des engagements lorsque les conditions légales de salubrité et d'hygiène et celles sous lesquelles l'engagement a été contracté ne seront pas observées à l'égard des immigrants,

---

Arrêté du 24 septembre 1859 modifiant toutes les dispositions relatives à l'immigration à la Guadeloupe

Chapitre II

De la Protection des immigrants

Art. 18. — La protection des immigrants est exercée par les agents spéciaux de l'immigration : commissaire, sous-commissaires et syndics.

Ces agents doivent se mettre fréquemment en rapport avec les immigrants, afin de les guider dans l'exercice de leurs droits et de sauvegarder leurs intérêts.

Les agents de l'immigration interviennent amiablement entre les engagistes et les engagés. Ils surveillent constamment la situation des engagés, ils renseignent l'administration à cet égard et ils provoquent au besoin des instructions.

Art. 20. — Les contrats d'engagement, de réengagement,

de transfert, de résiliation doivent être revêtus du visa du commissaire d'immigration, à peine contre l'engagiste d'une amende de 16 à 100 francs.

Arrêté du 19 février 1861 sur le régime des immigrants à la Guadeloupe.

Chapitre III

Rations et vêtements à fournir aux immigrants

Art. 29. — La ration minima doit être par jour :

Morue ou poisson salé..............	214 grammes
Viande fraîche salée...............	200 grammes
Riz décortiqué ou farine de manioc.	85 centilitres
Sel............................	20 grammes

La ration sera de la moitié des quantités ci-dessus pour les immigrants au-dessous de dix ans ; elle sera fixée par le médecin pour les malades.

Art. 30. — Si le contrat stipule qu'il sera fourni des vêtements à l'engagé sans spécifier leur nature et leur quantité, ils consisteront en deux rechanges composés ainsi qu'il suit :

Pour les hommes : deux chemises, deux pantalons en tissu de coton et un chapeau de paille par an.

Également pour les femmes : deux chemises, deux robes ou jupes, quatre mouchoirs en tissu de coton.

BIBLIOGRAPHIE

Journaux officiels de la République française, années 1852-1881-1885-1887-1890.

Bulletins officiels de la Réunion, la Guadeloupe, la Martinique depuis 1849.

Journal L'*Écho de la Guadeloupe*, 1880. — Journal *Le Travail*, publié à la Réunion, 1882.

LANESSAN (DE). — *L'Expansion coloniale de la France.*

GIRAULT (A). — *La Main-d'œuvre aux colonies* (*Traité de législation coloniale*, édition 1907).

DISLÈRE — *Traité de législation coloniale*, édition 1906.

SCHŒLCHER (V.). — *L'Immigration aux colonies.*

IMBART DE LA TOUR, DORVAULT, LECOMTE. — *Régime de la propriété.* — *Régime de la main-d'œuvre aux Colonies.*

ZIMMERMANN. — *Kolonialpolitik.*

YUNG. — *L'Avenir économique de nos colonies.*

IMMHAUS. — *Ile de la Réunion : l'immigration.*

BLONDEL. — *Le Régime du travail dans nos colonies et pays de protectorat et la colonisation libre.* Paris, 1896.

VIBERT (Th.). — *La Philosophie de la colonisation.*

NADIX. — *Projet concernant les moyens à employer pour l'expansion coloniale française.*

HUC. — *La Martinique. — Étude de quelques questions coloniales.*

DUVAL (Jules). — *Les Colonies et la politique coloniale.*

LEROY-BEAULIEU (P.). — *De la Colonisation chez les peuples modernes.*

ROUGÉ. — *Des Conditions auxquelles sont soumises l'émigration et l'immigration des travailleurs dans les colonies françaises et étrangères.* Poitiers, 1900.

PERREAU (M.). — *Cours de législation coloniale professé à la Faculté de droit de Paris*, année 1908-1909.

DUBIEF (A.). — *A Travers la législation du travail.*

BILLIARD. — *Politique et organisation coloniales.*

LACASCADE. — *Esclavage et immigration. — La Question de la main-d'œuvre aux Antilles.* Thèse Paris, 1907.

GUY (C.). — *La Mise en valeur de notre domaine colonial.*

CASTA-LUMIO. — *Étude historique sur les origines de l'immigration réglementée aux Antilles et à la Réunion.* Thèse Paris, 1906.

CHANDÈZE. — *De l'Intervention des pouvoirs publics dans l'émigration et l'immigration*, 1898.

TABLE DES MATIÈRES

Imp. JOUVE et Cie, 15, rue Racine, Paris.

www.ingramcontent.com/pod-product-compliance
Ingram Content Group UK Ltd.
Pitfield, Milton Keynes, MK11 3LW, UK
UKHW020335230726
13925UKWH00002B/804

9 782013 425803